Und Christus tanzt auf der Schlangenhaut

Siegfried Macht

Und Christus tanzt auf der Schlangenhaut

Liedtänze für Liturgie und Unterricht

Schwabenverlag

Die Deutsche Bibliothek - CIP-Einheitsaufnahme

Macht, Siegfried
Und Christus tanzt auf der Schlangenhaut :
Liedtänze für Liturgie und Unterricht /
Siegfried Macht. - Ostfildern : Schwabenverl., 2001
   ISBN 3-7966-1016-1

Alle Rechte vorbehalten

© 2001 Schwabenverlag AG, Ostfildern
www.schwabenverlag.de

Umschlaggestaltung: Nada Dogan, Stuttgart
Layout und Satz: Walter Häberle, Esslingen
Herstellung: Freiburger Graphische Betriebe, Freiburg i. Br.
Printed in Germany

ISBN 3-7966-1016-1

Inhalt

Vorwort 9

Lobet ihn mit Pauken und Reigen, lobet ihn mit Saiten und Pfeifen! (Psalm 150,4)
Altes Testament

    Ach Baum, ach guter Baum   16
    Baum der Erkenntnis

    Ging der Mann und suchte   21
    Adam und Eva

    Du bringst das Brot aus der Erde hervor   26
    Schöpfung / Brotsegen

    Ich bin der Stein (Menoussis)   28
    Kain und Abel

    Als die Götzen Kinder fraßen   34
    Abraham und Isaak

    David soll es sein   41
    Samuel sucht einen neuen König

    Brich dem Hungernden Brot   44
    Prophet Jesaja

    Wie lange noch, wie lange?   46
    Kult- und Sozialkritik der Psalmen

    Gott, auf dich traue ich   53
    Psalm 31 als Wegbegleiter

    Singt dem Herrn ein neues Lied   55
    Psalm 96

*Spitzfindige Denkgeflechte hast du zerrissen,
gefüllt hast du die Netze der Fischer (altrussischer Hymnus)*
Neues Testament

    Ihr seid das Salz der Erde   60
    Zuspruch und Anspruch

    Spitzfindige Denkgeflechte   62
    Jesus hilft mit Wort und Tat / Wunder

Gehet hin in alle Welt   63
Aussendung der Jünger

Wer mich sucht, den will ich finden   66
Apostelgeschichte: Kämmerer aus Äthiopien

Kommt und seht   69
Das Wort vom Kreuz (1 Kor 1)

Wir reisen nach Jerusalem   75
Gleichnisse / Offenbarung

Die Tür steht offen – mehr noch das Herz
Gottesdienst

Porta patet   80
Einzug

Der Herr wird zum Diener   83
Einzug / Taufe

Doppelt betet, wer singt   85
Lob und Dank / Gebet

Friede sei mit euch   86
Friedensgruß

Gottlob, dass ich auf Erden bin / Danket, danket dem Herrn   88
Lob und Dank

Agnus dei   91
Abendmahl / Brotbrechung / Kommunion

Du Brot des Lebens   94
Abendmahl / Kommunion

So segne dich Gott   96
Sendung / Segen

Christus im Herzen eines jeden   99
Sendung / Segen

Die Macht des Dunkels ist vorbei   101
Abendlob

Aufsteigen lass mein Gebet   104
Abendlob

Licht und Frieden   109
Abendlob

Zu Ostern spielen die Engel Trommel und Christus tanzt auf der Schlangenhaut
Kirchenjahr

> Jesuskind, wo bist du? 112
> *Weihnachten / Epiphanias*
>
> Zu Gott, dem Vater, lasst uns beten 122
> *Passion / Kreuzweg*
>
> Wir loben dich, Herr Jesus Christ 127
> *Passion / Kreuzweg / Kyrie*
>
> Asche auf mein Haupt 129
> *Aschermittwoch / Bußakt / Prophet Jona*
>
> An dem ersten Tag der Woche 136
> *Maria aus Magdala am leeren Grab*
>
> Auferstanden ist Jesus Christ 141
> *Auferstehung / Halleluja*
>
> Zu Ostern spielen die Engel Trommel 142
> *Auferstehung als Grund tragender Lebensfreude*
>
> Gingen zwei hinab nach Emmaus 147
> *Zwischen Auferstehung und Himmelfahrt*
>
> Segen spendendes Wort 152
> *Trinitatis: Dreifaltigkeitssonntag*
>
> Auf dich hin hast du uns geschaffen 157
> *Ende des Kirchenjahrs*

Lass mich gehn, lass dich gehn, lass uns miteinander gehn, lass dich und mich
Gott – Mensch – Mitmensch

> Miteinander gehen 160
> *Distanz und Nähe*
>
> Wes das Herz voll ist 163
> *Loben mit Herz, Hand, Mund und Fuß*
>
> Dass die Vögel der Sorge 164
> *Wie man sich (nicht) um Kummer kümmert*
>
> Ein Vater hatte viele Söhne / Hine ma tow 165
> *Lehrstück des Friedens und der Solidarität*

Wer gehört dazu? *168*
Gott lädt alle ein

Die Straße zum Himmel *171*
Nachfolge

Nicht in Jerusalem *176*
Überall und nirgends findet Gottes Volk Ruhe

Glocken des Friedens wolln wir läuten *178*
Hoffnung auf das Friedensreich des Messias

Register

Stichwortverzeichnis *181*

Kurzprosa *183*

CD-Einspielungen *184*

Weitere Literatur *185*

Alphabetisches Liederverzeichnis *186*

Autor *187*

Vorwort

Ein jegliches hat seine Zeit,
und alles Vorhaben unter dem Himmel hat seine Stunde:
... Weinen hat seine Zeit, Lachen hat seine Zeit;
Klagen hat seine Zeit, Tanzen hat seine Zeit ...
(Koh 3,4)

Der bekannte Text aus den Weisheiten des »Prediger Salomo« umreißt in einer Fülle von Gegensatzpaaren die Gesamtheit des Lebens und weiß, dass auch dies dazugehört: klagen und tanzen... Als viel später Jesus auf den Gegensatz seiner Lehr- und Lebenspraxis zu der des Täufers angesprochen wird, greift er im Bildwort von den Kindern auf dem Markt (Lk 7,31-32) genau diese Polarität des Lebens wieder auf und wählt den Tanz als seinen Part – nachdem er den Fragenden vor Augen geführt hat, dass beides zum Leben dazugehört: Fähigkeit zum Verzicht und Dankbarkeit für die Fülle, ein fastender Johannes und ein feiernder Jesus, klagen und tanzen – schade nur, wenn sich jemand von beidem nicht bewegen lassen kann.

In diesem Sinn will das vorliegende Werkbuch anregen, die Fülle des Lebens zu gestalten, und bewegende Vorschläge für Liturgie und Unterricht geben: So finden sich
- Lieder und Kanons zu den zentralen Stationen von Gottesdienst und Kirchenjahr, zu biblischen und weiteren insbesondere unterrichtlich relevanten Themen;
- Tänze und elementare Bewegungsanregungen für liturgische und religionspädagogische Gestaltungen, welche um einen engen Zusammenhang von Form und Inhalt bemüht sind;
- ausführliche Einführungen in die Symbolik der Schritte und Raumwege, Erläuterungen zum jeweiligen Hintergrund des Lied- bzw. Bibeltextes usw., sowie einige kleine märchenartige Erzählungen, welche ebenfalls auf ein vertieftes Verstehen des jeweiligen Liedtanzes zielen;
- neben den stets angegebenen Harmonien für die Liedbegleitung auf Gitarre o. ä. allerlei Mehrstimmigkeiten für Chöre und kleine Instrumentalgruppen.

Damit wollen wir all jene Personen ansprechen, die gottesdienstliches Feiern und religionspädagogische Praxis am ganzen Menschen ausrichten wollen: Das Werkbuch liefert Beispiele für alle Altersgruppen ab dem Schulalter. Neben Kinderspielen auch aus der vergessenen religionspädagogischen Schatzkiste früherer Jahrhunderte stehen mitreißende Choreographien im Stil israelischer und griechischer Folklore. Einen wesentlichen Schwerpunkt bilden dann aber auch jene elementaren und somit die verschiedensten Gruppen verbindenden eher meditativen Bewegungsanregungen für Familiengottesdienste, leichte Mitmachtänze für Gemeindefeste usw.

Damit die Praxis nun auch wirklich gelingt, wollen wir hier noch einige ganz konkrete Erläuterungen voranstellen:

Bei der Tonhöhe der Melodien sind wir einen Kompromiss zwischen Singbarkeit, Lesbarkeit und Begleitbarkeit eingegangen: Wer mit Kindern oder geschulten Chören arbeitet, sollte sich bewusst sein, dass die hier notierte Tonhöhe immer die tiefstmögliche darstellt und vieles zumindest eine kl. Sekunde bis kl. Terz höher als notiert angestimmt werden sollte. Wir haben damit auch jenen Laien Rechnung getragen, die gerne mit relativ vorzeichenlosen Tonarten arbeiten, bzw. einfache Begleitgriffe für die Gitarre suchen. Letztere können durch Aufsetzen eines Capodasters beliebig nach oben transponiert werden.

Bei der Auszeichnung der Gitarrengriffe folgen wir der internationalen Schreibart. Wir bezeichnen also das deutsche »H« als »B« und das »B« wie üblich als »Bb«.

Bei den Tanzbeschreibungen haben wir uns um eine allgemein verständliche Beschreibung möglichst ohne Fachbegriffe bemüht oder diese direkt im Anschluss erklärt. Gelegentlich haben wir zur schnelleren Übersicht für Fortgeschrittene die zusammenfassenden Fachbezeichnungen kursiv quasi als Überschrift über den jeweiligen Abschnitt gesetzt, was hier und da das Lesen der ausführlichen Einzelbeschreibung ersparen hilft.[1] Wo nicht anders vermerkt gilt:

- Der rechte Fuß beginnt.
- Tanzrichtung ist »gegen den Uhrzeigersinn«, d.h. »Christus als der Sonne der Gerechtigkeit« entgegenziehend.

---

1 Vgl. z.B. »Gehet hin in alle Welt« oder »Kommt und seht« wo die Bezeichnungen »Streifen – Treffen – Armen – Kette« als Zusammenfassung des jeweils folgenden Abschnittes gelesen werden können.

- Die Hände beider Nachbarinnen oder Nachbarn sind locker herabhängend gefasst (= V-Position). Die rechte Hand greift dabei von unten bzw. hinten, die linke von oben bzw. vorne.
- Schrittmaß ist die Zeiteinheit, welche im Nenner der Taktangabe steht. Somit wird im 4/4-Takt auf Viertel, im 2/2-Takt auf Halbe geschritten. Ausnahme sind der 6/8 Takt, welcher meist je drei Achtel zu einer Einheit zusammenfasst oder Wechselschritte mit der Verteilung 2+1 verlangt; Ausnahme ist auch der 7/8-Takt, welcher in 3 + 2 + 2 Achtel unterteilt.

Double   Ausführung eines Schrittes als Doppelschritt (wie dann jeweils im Folgenden beschrieben, siehe auch: Simple).

Flankenkreis   Aufstellung im Kreis mit der Seite (Flanke) zur Mitte. Die »normale« Kreisposition heißt demnach genau genommen »Stirnkreis« oder »Frontkreis«.

Gegengleich   Oft wird eine Abfolge wiederholt, allerdings mit dem jeweils anderen Fuß und somit auch in Bezug auf die Raumwege seitenverkehrt; diese sowohl gegenteilige wie gleiche Wiederholung wird als gegengleich bezeichnet.

Li   Kürzel für »links« (bzw. »linker Fuß«).

Ostinato   Ständig in gleicher Form zu wiederholender kurzer musikalischer Baustein (z. B. die Töne oder Gitarrengriffe C-a-d-G, die unverändert in dieser Reihenfolge wiederholt zur Begleitung zahlreicher Kanons reichen).

Re   Kürzel für »rechts« (bzw. »rechter Fuß«).

Seitgaloppschritt   Besteht aus dem Seitwärtsstellen des einen Fußes und dem Nachstellen des anderen. Im Gegensatz zum reinen Seitwärtsschritt wird der Seitgalopp jedoch wirklich galoppierend, d. h. hüpfend ausgeführt: Wir springen im Moment des Nachstellens ein wenig in die Luft. Der erste Schritt gerät dadurch etwas länger als der zweite, was häufig mit der Punktierung der ersten Note (nur unvollkommen) zum Ausdruck gebracht wird.

Simple	Einfache bzw. einmalige Ausführung eines Schrittes (wie dann jeweils im Folgenden erklärt, siehe auch: Double)
Tipp	Meint das unbelastete Aufstellen des Fußes oder nur von Ballen oder Spitze.
Wechselschritt	Besteht aus 3 Teilschritten (re-li-re oder li-re-li), so dass die Seite des betont führenden Fußes gewechselt wird. Im 4/4-Takt ist der Wechselschritt-Rhythmus kurz-kurz-lang.
Wiegeschritt	Meint meist nach einem Vorwärts-Schritt die Gewichtsverlagerung auf den anderen Fuß (zurück), der also gar nicht neu gesetzt, sondern dort, wo er steht, nur noch belastet werden muss.
W-Position	Hände beider Nachbarinnen oder Nachbarn auf Schulterhöhe gefasst, so dass Kopf und Arme je ein »W« bilden. Ist als Fassung meist etwas schwieriger/ermüdender, so dass zu Übungszwecken auch zuerst in V-Position durchgefasst werden kann: Hände locker herabhängend.
+	Meint die Ausführung eines gedämpften (stummen, trockenen) Schlages auf einem perkussiven Instrument: z. B. – Schlag auf Triangel, die mit der anderen Hand festgehalten und so am freien Schwingen gehindert wird. – Schlag auf Trommel so, dass die Hand anschließend liegen bleibt und das Fell am freien Schwingen hindert, der Klang ist dumpf.
O	Meint die Ausführung eines »offenen« Schlages auf einem perkussiven Instrument: Die Triangel hängt am Bändchen oder liegt locker über der Hand, die Trommel wird z. B. am Rand angeschlagen und die Hand federt sofort zurück, damit das Fell voll und hell klingen kann.
V	Herr oder Gruppe 1
U	Dame oder Gruppe 2

Zum »Um-Gang«

Schrittübungen

1
Schritt halten
mit Gott
wer kann das

Gleichschritt womöglich
gestiefelt
wer will das

Fortschritt vielleicht
wer glaubt noch
daran

2
Lauf nicht hinterher
auch nicht
hinter Gott

Du holst ihn nicht ein

Tanze den Reigen
gegen die Uhr[2]

ER kommt DIR entgegen

---

[2] Die Tanzrichtung des Reigens ist die Bewegung gegen den Uhrzeiger, das heißt der aufgehenden Sonne (Christus ist die »Sonne der Gerechtigkeit«) entgegen.

*Lobet ihn mit Pauken und Reigen,
lobet ihn mit Saiten und Pfeifen!*
(Psalm 150,4)

Altes Testament

Ach Baum, ach guter Baum

Musik und Tanz: aus Griechenland
Übersetzung: Siegfried Macht

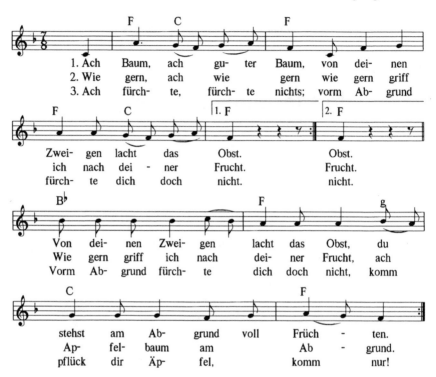

Kalamatianos tanzen

Unsere Fassung bringt die gleichermaßen um Singbarkeit wie größtmögliche Sinntreue bemühte Übersetzung eines griechischen Tanzliedes. Statt einer liedspezifischen Choreographie wird zu dieser Melodie traditionellerweise »Kalamatianos« getanzt:

Ausgangsposition ist der offene (»Flanken«-)Kreis oder ein Halbkreis, die Hände beider Nachbarinnen bzw. Nachbarn sind gefasst (der Einfachheit halber locker herabhängend statt auf Schulterhöhe), die linke Seite (»Flanke«, s. o.) zeigt zur Mitte.

Der typische 7/8-Takt wird in 3 + 2 + 2 Achtel unterteilt, die entstehende Gruppierung gibt die 3 Schritte jeden Taktes in der

Zeiteinteilung »lang-kurz-kurz« vor. Die Zählzeiten 1 – 3 meinen also die Achtel-Schläge 1, 4 und 6 jeden Taktes (bzw. jeweils die Betonung »bumm« eines »bumm-ta-ta, bumm-ta, bumm-ta« gesprochenen 7/8 Takts):

Takt	Zeit	Bewegung
		Grundschritt
1-2		6 Schritte vorwärts gegen den Uhrzeiger, mit dem rechten Fuß anfangen (lang-kurz-kurz-lang-kurz-kurz)
3	1	Front zur Kreismitte drehen und Schritt mit dem rechten Fuß seitwärts nach rechts
	2	Schritt mit dem linken Fuß vor dem rechten kreuzend
	3	Schritt zurück auf dem rechten Fuß
4		Takt 3 spiegelbildlich wiederholen (links seitwärts nach links, rechts vorkreuzen, links rückbelasten)
		Variation
1	1	Schritt mit dem rechten Fuß seitwärts nach rechts
	2	Schritt mit dem linken Fuß gekreuzt hinter dem rechten
	3	Schritt mit dem rechten Fuß seitwärts nach rechts
2	1	Schritt mit dem linken Fuß gekreuzt vor dem rechten
	2	Schritt mit dem rechten Fuß seitwärts nach rechts
	3	Schritt mit dem linken Fuß gekreuzt hinter dem rechten
3-4		Wie Takt 3 – 4 des Grundschrittes
		Vereinfachung
1-2		6 Schritte vorwärts gegen den Uhrzeiger, mit dem rechten Fuß anfangen (wie Grundschritt, s. o.!)
3		Front zur Kreismitte drehen und 3 kleine Schritte vorwärts (zur Kreismitte): re-li-re
		3 kleine Schritte rückwärts (Front in Ausgangsstellung zurückdrehen und von vorn beginnen)

Zum Liedtext: Das Apfelbäumchen als Baum der Erkenntnis

Augenfällig ist die große Nähe zur Szenerie von Gen 3,1-6: Der Liedtext liest sich wie das Lied Evas vor dem Baum der Erkenntnis des Guten und Bösen. Dass Gott von diesem Baum das Essen verboten hat (vgl. Gen 2,16-17), macht in biblisch-theologischer Perspektive den im Lied besungenen »Abgrund« aus.

Die von eben diesem Baum ausgehende Verlockung (vgl. Gen 3,6) ist unüberhörbar und führt zu seiner personhaften Ansprache, worin die poetische Form sich dem alttestamentlichen Mythos nähert. In der dritten Strophe beginnt der Baum dann selbst zu sprechen, bzw. werden die biblische Schlange, die »Gestalt« des Baumes und die innermenschliche Stimme der Versuchung im Liedtext eins.

Auch die in den einzelnen Satzteilen deutlich umbrechende Sinnveränderung (»Ach fürchte, fürchte nichts«) ist bereits im Original enthalten, bzw. sogar noch stärker akzentuiert (»Fürchte dich, wei, fürchte dich nicht«): Um das Geheimnisvolle dieses »abgründigen« Baumes weiß auch das Volkslied und führt wohl auch deshalb nicht irgendeinen Obstbaum vor Augen, sondern eben einen Apfelbaum. Im Kontext der Volkskultur ist damit die Nähe zum Baum der Erkenntnis gekennzeichnet, obwohl der biblisch ja keineswegs in dieser Richtung näher bestimmt ist: In Gen 2 und 3 bleibt die Art der Frucht offen. Deutlich wird nur, dass diese Frucht das Verhältnis zwischen Gott und Mensch betrifft.

Die diesbezügliche Popularität des Apfels mag von einem Übersetzungsfehler herrühren, wenn bei der Rückübersetzung aus der Vulgata (lateinische Bibelübersetzung) »Baum (der Erkenntnis) des (Guten und) Bösen« und »Apfelbaum« sich im Lateinisch nahezu gleich lautenden »ligno (scientiae boni et) *mali*« trafen und die weniger abstrakte Vorstellung von da an beibehalten wurde.

Zum Tanz

Wie bereits erwähnt kann von einem spezifischen Bezug zwischen Tanz und Liedtext schon allein angesichts der Fülle der mit den Schritten des Kalamatianos kombinierten Lieder nicht die Rede sein.

Dennoch soll hier auf die sich zufällig einstellenden bzw. subjektiv herstellbaren Korrespondenzen eingegangen werden, und dies nicht obwohl, sondern gerade *weil* somit der kreative, aktive Akt des »Bedeutung-Schaffens« als solcher erkennbar wird und das darin abgegebene Credo der Deutenden sich hinter keiner Werkvorgabe verstecken kann. So erhält die Akzeptanz *einer* bestimmten Deutung durch *viele* Deutende ihre Bedeutung. Nicht das Verbindliche verbindet, sondern das Verbindende wird verbindlich – bis womöglich eine andere Deutung noch überzeugender erscheint.

So werden nicht nur Text, Musik und Tanz als im Sinne allen Volksgutes »zurechtgeschliffene« Endgestalten erkennbar, sondern auch die mehr oder weniger mitgelieferten Deutungen: Beide sind bewährte Angebote, aber nicht Zwänge; Bekenntnisse bewusster Gestaltung, die zum Abarbeiten an Vorfindlichem einladen, ohne das Entstehen von Neuem und Variierendem auszuschließen.

Zur Symbolik

Auf Grundlage der oben mitgeteilten (und mehr oder weniger variierten) Schrittfolge führt der/die Erste der Reihe bzw. des offenen Kreises die anderen frei durch den Raum, d. h. es entstehen als *schlangenförmig* identifizierbare Raumwege – womit die im Liedtext ausgesparte, im biblischen Text vor Augen geführte *Schlange* »ins Spiel gebracht« wäre.

Insbesondere in griechischen Rhythmen unerfahrene Tänzerinnen und Tänzer mögen darüber hinaus auch das ungleiche (und womöglich verunsichernde) Zeitmaß der einzelnen Schritte als Abbild der Unsicherheit des Menschen angesichts der Ambivalenz besungener Verlockung sehen.

Wird der Baum der Erkenntnis nun als in der Mitte des Raumes wie des Gartens (vgl. Gen 2,9) stehend vorgestellt, so führt die Vierteldrehung, welche die Tanzenden in jedem dritten und vierten Takt mit Front zur Mitte richtet, zum Blick auf den imaginierten Baum. Dass das *Besetzen* der Mitte (gedanklich oder konkret und womit auch immer) konstitutiver Bestandteil eines Tanzes sein kann, dafür ist der Tanz um das goldene Kalb der zwar unglücklichste aber nichtsdestotrotz populärste Beleg. Angesichts des solchermaßen »eingebildeten« Verlockungsträgers in der Raummitte wird die Schrittfolge der Takte 3 und 4 in ihrem Hin- und Herpendeln zwischen rechts und links (was in der Gesamtheit des Raumweges ein Vorgehen und Zurückweichen darstellt) ebenfalls als Ausdruck des Hin- und Hergerissenseins zwischen »Apfel und Abgrund« bzw. »Gottesgehorsam und Selbstbestimmung« interpretierbar.

Bliebe jenseits solcher fast schon (zu) allegorischen Zuordnungen noch der Hinweis, dass allen Liedtänzen eins gemeinsam ist: Sie setzen das *Bewegende* (eines Inhaltes/Liedtextes) in Bewegung.

Zur Einführung einer möglichen Deutung der Tanzsymbolik kann auch die folgende Erzählung dienen:

Der Tanz um den Baum
»Sag uns doch«, bedrängten die Kinder den Alten, »warum tanzt man den Tanz um den Apfelbaum mit zweimal sechs Schritten, sag es uns doch, wenn du alles weißt!«
Und der Alte, der sich unter dem Baum zum Schlafen gelegt hatte und der seine Ruhe haben wollte, sagte es ihnen:
»Wisst ihr nicht, dass Eva und Adam den Baum ansahen, von dem sie nicht essen sollten, dass sie ihn ansahen sechs Tage lang voller Begierde, dass es ihnen Gott aber schenkte, am siebten Tag auszuruhen von ihrer Begierde und von ihrem Tanz um den Baum?«
»Ach«, entfiel es da den Kindern, »da wäre der Tanz ja etwas Böses, ein Tanz wäre er um den verbotenen Baum ...«
»Ihr Dummerchen«, widersprach ihnen da der Alte, »wann tanzen wir ihn? Wir tanzen ihn Ostern. Wir tanzen ihn Ostern und alle Tage. Wir tanzen ihn um den Lebensbaum. Wie die Schlange am verbotenen Baum hing und den Menschen verführt hat, hing Christus an einem andern Holz und hat uns erlöst. Um seinen Baum tanzen wir unseren Tanz.
Wir tanzen zur Weihnacht und alle Nächte, um den Weihnachtsbaum tanzen wir unseren Tanz. Der trägt Kugeln und Äpfel, dass wir uns erinnern, dass uns zum Tanzen ein Lebensbaum wuchs.«
Da gingen die Kinder in die Kirche und tanzten ...

»... Und warum tanzen wir zweimal sechs Schritte?«, fragten die Kinder und der Alte schrak auf:
»Zweimal sechs ist die heilige Zahl. Zwölf Stämme hat das Volk unseres Gottes. Zwölf Jünger folgten dem Herrn auf dem Weg. Auf zwölf Apostel baute er seine Kirche.
Zwölf, das will sagen: Kommt alle, tanzt mit.
Zwölf, das will sagen: Für jeden ein Schritt!«

Ging der Mann und suchte

Aus Nordrussland
Deutscher Text: Siegfried Macht

Ging der Mann und säte Korn für Korn;
doch das Feld war viel zu groß für den Mann.

Ging der Mann und zähmte einen Wolf;
doch der Mond war viel zu voll für die zwei.

Schlief der Mann und kam zu ihm die Frau,
war im Haus, im Korn, im Mond mit dem Mann.

Kleinschrittiger Erntetanz

Nach einem nordrussischen Frauentanz (Kak po logu: Was die Frauen auf dem Felde singen) mit typischen kleinen Schritten, insgesamt weicher runder Ablauf, die Seit-Ran-Schritte also nicht etwa als echte Stampfschritte ausführen.

Aufstellung: durchgefasst (V-Fassung) in der Reihe bzw. im Halbkreis auf der Kreislinie

Takt	Zeit	Schritte
1	1-3	3 kleine Gehschritte vorwärts
2	1-2	Wechselschritt
3	1-3	4 kleine Gehschritte vorwärts
4	1	
	2	Wechselschritt
5	1	
	2	8 schnelle (Tempo der Viertelnote) kleine Gehschritte vorwärts
6	1-2	
7	1	
	2	Seitstellschritt, Ranstellschritt
8	1	Seitstellschritt, Ranstellschritt
	2	8 schnelle kleine Gehschritte vorwärts
9	1-2	
10	1	
	2	Seitstellschritt, Ranstellschritt
	3	2 schnelle kleine Gehschritte vorwärts

Von vorne beginnen: dabei beachten, dass es nach den zwei schnellen Schlussschritten mit drei langsamen (Tempo der halben Note) weitergeht!

Die biblische Vorlage: Die Erschaffung der Eva als Emanzipationsgeschichte

Gerade für (scheinbar) allzu bekannte biblische Texte liegt eine große Chance in der Verfremdung, die oftmals hinter mehr oder weniger unangemessenen Wirkungsgeschichten die eigentliche Aussageabsicht des Originals freizulegen vermag. Der hier vorgestellte Liedtext zeigt beim näheren Hinsehen deutliche Parallelen zur Schöpfungserzählung von der Erschaffung der Frau als im wahrsten Sinne des Wortes »eben(ge)bürtiger« Partnerin des Mannes.

Zuerst einmal sei also ins Bewusstsein gerufen, dass schon in Genesis 2,18-25 eine großartige emanzipatorische Erzählung vorliegt:

In Ermangelung einer Partnerin ist der Mann eigentlich noch gar keiner, sondern erst einmal nur »Adam«, das heißt »Mensch« und als solcher definiert im Gegenüber zu Gott, der ihm seinen Geist eingehaucht hat, nachdem er ihn von »Adama« (Erde, Ackerboden) genommen hat. Ohne Gottes Geist also ist er der Erde gleich und wird wieder zu Erde werden (Ps 146,4). Damit sind

Chancen und Grenzen dieses erst einmal in den ökologischen Haushalt nahtlos integrierten Wesens, das nur durch Gottes Atem zum Zwitter zwischen Himmel und Erde wird, deutlich umrissen. »Adam aus Adama« steht nicht über und nicht unter der Erde, braucht keiner Göttin der Fruchtbarkeit zu dienen, muss nicht in Angst vor (göttlich) beseelter Naturgewalt leben, hat sich aber auch nicht über sie zu erheben – er ist wie sie ein Teil der Schöpfung, wenn auch zu deren Hüter und Bewahrer bestellt, aber eben dies ein Amt, das ihm verliehen ist wie der Atem Gottes.

Für diesen Menschen soll nun eine Partnerin gesucht werden (Gen 2,18), wozu Gott allerlei Tiere um Adam versammelt, damit der ihnen Namen gibt und die Erwählte benennen kann. Adam aber wird nicht fündig.

Hätte sich der allmächtige Gott das nicht denken können? Sicher – aber Adam nicht! Der, und mit ihm eben manch unemanzipierter alt-orientalischer Patriarch als Hörer der Erzählung bekommt nun von höchster Instanz ein Frauenbild vermittelt, das noch Jahrhunderte brauchen wird, sich wieder durchzusetzen. War es nämlich im polygam-patriarchalen Kontext (auf den das Textmotiv anspielt) durchaus Brauch, dass die Frau im Rahmen der männlichen Besitzstandspyramide stolz als »höchstes Haustier« gesehen wurde, so liest sich der nun folgende Text eindeutig als Ablösungsgeschichte von solchen Traditionen: Unter all den Geschöpfen, die Adam besitzen oder zumindest benennen (und damit in gewisser Weise ebenfalls beherrschen) kann, ist die Frau nicht zu finden.

Und nun wiederholt sich das eingangs erwähnte Wortspiel: So wie Adam der Adama entnommen, wird die Frau (»ischa«) dem Menschen entnommen, der uns von nun an als Mann (»isch«) begegnet. Solche Gleichheit wird man ihnen ansehen, und alle Welt wird SIE (die ischa) genauso nennen, das heißt achten wie IHN (den isch). Daher der Gleichklang der Bezeichnungen (»isch/ischa«), dessen tiefere Bedeutung Luther bewahrt, wenn er an eben dieser Stelle ein neues Wort gebärend übersetzt: »Man wird sie Männin heißen.« Wohlgemerkt: Nicht der Mann benennt die an seine Seite gestellte (weil von seiner Seite genommene!), sondern ihr Name fällt ihr durch Gottes Schöpfungstat ebenso offensichtlich zu, wie dem Mann/Menschen der seine.

Später erst, als das Paradies verloren ist, gibt Adam ihr den Namen »Eva«: Jetzt, wo der in Gott ruhende Weg zum Leben verbaut scheint, nennt Adam seine Frau »Mutter alles Lebendigen«.

Und (bei aller sich darin möglicherweise auch ausdrückenden Liebe und Achtung) belastet er sie mit dem in diesem Namen eben auch sich manifestierenden patriarchalen Anspruch, dass die Trägerin »Stammhalterin« durch die Geburt von Kindern (genauer: Knaben!) zu werden hat. So heißt der Erstgeborene Kain und erschlägt den Bruder, so wird der Anspruch, »Mutter des Lebendigen« sein zu müssen, zum Scheidungsgrund nicht nur für orientalische Patriarchen. (Vgl. die Probleme, die schon für Sara und Hagar an eben dieser Stelle mit Abraham entstehen.) Dabei hatte alles so befreiend begonnen, selbst die berühmt-berüchtigte Schwiegermutterbeziehung sollte der jungen Frau nach Auskunft des biblischen Autors nicht zugemutet werden. Der nämlich wusste, dass die gottgewollte Anziehungskraft innerhalb des Paares so groß sein würde, dass darum ein Mann Vater und Mutter verlassen wird. Eine große Ermutigung für jedes junge Paar, dem patriarchale Strukturen die Unabhängigkeit von der Großfamilie erschweren (vgl. Gen 2,24).

Im wahrsten Sinne des Wortes erweist der Text sich insofern als »e-*man*-zipatorischer« (d.h. aus der *Hand* freilassender): Die sich nicht der Hand ihres Mannes Verdankende wird als auch dem Zugriff ihrer (Schwieger-)Eltern Entwundene gezeichnet.

Der Liedtext

Für eine solche Erzählung wird »frau« nicht nur auf dem nordrussischen Erntefeld Sympathie hegen. So singt sie in einer Mischung aus erträumter Wirklichkeit und verdichteter Erfahrung Ähnliches: Da sehen wir den einsamen Mann zuerst Steine zum Hausbau sammeln. Das Haus aber ist »tot und leer«, die Steine sind Steine geblieben und haben sich nicht in das verlorene Paradies zurückverwandelt. Von Anfang an spürt der (im Lied der Frau imaginierte) Mann, dass er nicht fürs Alleinsein geschaffen ist. Zu niemandem kann er nun mit jener nur ihm gegebenen Mischung gleichzeitig vorwurfs- wie liebevoll sprechen: »Habe ich das nicht alles für dich gemacht...?«

Also beginnt er von neuem zu »ackern«, Korn für Korn sät er aus, allerdings nur um (spätestens bei der Ernte!) zu merken, dass er sich viel zu viel vorgenommen hat.

Aller guten Dinge sind drei und so wendet unser Mann sich nach Stein und Pflanze nun noch näher in die Richtung des auf ihn selbst weisenden Lebens: Doch auch der gezähmte Wolf vermag angesichts des Vollmondes die gemeinsame Sehnsucht nur zu steigern. Da sitzen sie also beide und heulen.

Spätestens jetzt ist die Parallelität mit dem biblischen Text greifbar: Der Mann findet manches, aber nicht wonach es ihn in der Tiefe seines Herzens wirklich verlangt. Er schafft vieles aus eigener Kraft, geht und sucht, geht und sät, geht und zähmt. Die Frau aber kann er sich nicht erarbeiten. Er kann sie nicht finden, nicht bauen oder säen, und zu guter Letzt wird er sie auch nicht zähmen können. Da sollte er sich am Besten schlafen legen, so wie die jungen Burschen des Dorfes nach getaner Arbeit dort unter dem Baum (wir sind auf einem Erntefeld und singen ein Lied mit den Schnitterinnen!), da können sich die vorbeikommenden Mädchen dann in Ruhe den ihren auswählen. Und falls ihm wieder einmal der Stolz zu Kopfe steigt, dann sollte er den Frauen beim Singen zuhören, damit er nicht vergisst, wer hier wen braucht für Haus und Korn und vor allem natürlich für den Mond.

Du bringst das Brot aus der Erde hervor

Text und Musik: Siegfried Macht

Kanon für 3 Stimmen (nach dem jüdischen Brotsegen)

Du bringst das Brot aus der Erde hervor. Du lässt es wachsen am schwankenden Rohr. Du gibst deinen Segen zu unserem Tun und schenkst uns zur Feier, von allem zu ruhn. Wir danken dir, dass deine Rechte uns hält. Wir loben dich, Herr, du Schöpfer der Welt.

Rechte: Strube Verlag, München

Gabenprozession und/oder Kreistanz

Der Kanon nach dem jüdischen Brotsegen eignet sich neben seiner Anbindung an die Schöpfungsthematik sowohl als Tischkanon wie auch als Tanz bzw. *Gabenprozession* zum *Erntedankfest* oder zur Gabenbereitung in der Eucharistiefeier[3]:

Die Gaben haben wir am Eingang zusammengetragen, wo sie nun von den Mitwirkenden aufgenommen werden. Jede/r trägt die ihre/seine mit der linken Hand. Die Rechte liegt auf der linken

---

3 Hier spricht der (katholische) Priester leise, während er die Schale mit dem Brot über den Altar hält, fast parallele Zurüstungsworte: »Gepriesen bist du, Herr, unser Gott, Schöpfer der Welt. Du schenkst uns das Brot, die Frucht der Erde und der menschlichen Arbeit...«

Schulter der Vorgängerin/des Vorgängers. So ziehen wir – evtl. in drei Reihen durch den Mittelgang und die zwei Seitengänge der Kirche – singend bis zum Altarraum, wo die Gaben abgelegt werden und die Reihen sich nach und nach zum Kreis finden.

Je nach Anzahl der Mitwirkenden können auch drei konzentrische Kreise gebildet werden. Dann empfiehlt es sich, schon bei der Reihenbildung ungleich lange Reihen zu bilden und die durch den Mittelgang einziehende Gruppe, als kleinste auf dem kürzesten Weg eintreffende, den Innenkreis bilden zu lassen usw.

Der Kreis ist als »Flankenkreis links« gemeint: Wir stehen mit der linken Seite zur Mitte und gehen in Tanzrichtung, das heißt (gegen den Uhrzeiger) »der Sonne entgegen«, die hier für den in seiner Schöpfung zu unserem Wohl wirkenden Schöpfer steht.

Für die nachfolgend mitgeteilte Schrittfolge ist die punktierte Viertel Schrittmaß (in der Regel 2 Schritte pro Takt); um den davon abweichenden Wechselschrittrhythmus unmissverständlich zu kennzeichnen, beziehen sich die folgenden Zählzeitangaben allerdings auf die Achtelnoten:

Takt	*Zeit*	*Bewegung*
0		Auftakt abwarten
1	1	rechts vorwärts
	4	links vorwärts
2		Wechselschritt rechts vorwärts:
	1	rechts
	2	links
	4	rechts
3	1	links vorwärts
	4	rechts vorwärts
4		Wechselschritt links vorwärts:
	1	links
	2	rechts
	4	links
5 ff.		beständige Wiederholung der Takte 1-4

In großen Gruppen und mit geübten Sängerinnen und Sängern können die drei Reihen bzw. Kreise auch den Kanoneinsätzen entsprechend nacheinander versetzt mit Gesang und Schrittfolge einsetzen.

Ich bin der Stein

Siegfried Macht nach einer
griechischen Ballade (»Menoussis«)

Meditativer Kreistanz

Ausgangsstellung: Kreis mit Blick zur Mitte (evtl. auf einen Stein und eine Kerze), die Hände beider Nachbarinnen bzw. Nachbarn locker herabhängend gefasst. Schritttempo ist die halbe Note, es werden also zwei sehr ruhige Schritte pro Takt ausgeführt:

Takt	Zeit	Bewegung
1	1,2	mit rechts beginnend 3 Schritte vor
2	1	
	2	mit der linken Zehenspitze zur Kreismitte tippen
3	1,2	mit links beginnend 3 Schritte rückwärts
4	1	
	2	Wiegeschritt: rechts zurücklehnen und
5	1	links vorwärts
	2	mit rechts vor links über den Boden fegen
6	1	rechts vor links gekreuzt anheben (Knie anwinkeln)
	2	Fußspitze absetzen
7	1,2	wartend verharren

von vorne beginnen

Schuld und Vergebung als mögliche Deutung der Tanzsymbolik

Der vorgestellte Liedtanz geht auf den »Menoussis« zurück, einen griechischen Balladentanz vom *schuldig* gewordenen Menschen. Gleichzeitig mit dem Aufdecken und Zugeben der Tat (vgl. das dolchstoßartige Aufsetzen des Fußes in Takt 6, Zählzeit 2) wird jedoch auch *Vergebung* möglich: Die Gemeinschaft hält den schuldig Gewordenen fest, lässt ihn nicht fallen: Der in der zweiten Hälfte des vierten Taktes auf Spannung geweitete Kreis visualisiert die Zerreißprobe: Ich kann mich zurücklehnen, die Fassung nach beiden Seiten (die Arme sind in der Spannung zum *Kreuz* erhoben!) fängt mich federnd auf, lässt den nächsten Schritt wieder einen »Schritt nach vorn« sein.

Der korrespondierende Bibeltext

Als Prototyp solcher Resozialisierung lässt sich auch die alttestamentliche Erzählung von Gottes Reaktion auf den Brudermord Kains an Abel lesen: Gottes »Strafe« eröffnet Kain neue Lebensmöglichkeiten in neuen Zusammenhängen. (Vgl. Genesis 4,2-16 bzw. zum Folgenden bis Vers 24). Im Wiegeschritt des Tanzes wird deutlich, dass der sich nach hinten Lehnende gehalten wird (Religio = Rückbindung), wenn er sich wieder auf die gemeinsame Mitte zubewegt, wenn er verharrt nach der Tat und einhält: Als ein solches Einhalten ist die ungewöhnlich lange Pause am Ende jeder Tanz-Sequenz vor der Wiederholung des Ganzen zu verstehen. Die Wiederholung selbst führt uns keinen Wiederholungstäter vor Augen: Es ist das Wieder-Holen in der Er-Innerung, das Nicht-Verdrängen-Müssen, dessen therapeutische Wirkung im Volkstanz schon lange vor Begründung der Psychoanalyse präsent war.

Aber auch das soll nicht vergessen sein: Wie Kain den Typus des resozialisierbaren Täters darstellt, so pervertiert der Overkill-Gesang seines Ururenkels Lamech die Güte und Barmherzigkeit Gottes und missbraucht den Schutzspruch Gottes zur Legitimation für eine selbstsüchtige Eskalation der Rache (vgl. Gen 4,23-24).

Der Menoussis als griechische Ballade

Der griechische Originaltext erzählt die Geschichte des eifersüchtigen Menoussis, der im Rausch mit seiner Braut streitet, nachdem ein gemeinsamer Bekannter zweideutige Anmerkungen über das Kettchen des Mädchens gemacht hat. Das nämlich trägt sie so tief, dass Menoussis Schlimmstes ahnen muss und ohne lange Gegenrede abzuwarten zuschlägt. Als er am andern Morgen von der Freundin der Braut erfährt, dass jener das Kettchen beim Wasserholen fast in den Brunnen gefallen wäre, gerade als besagter Bekannter vorbeikam, bemerkt Menoussis den Irrtum und eilt zu der Freundin, die jedoch leblos am Boden liegt. »Wache auf, mein Täubchen, meine Schöne«, jammert der Jähzornige – aber vergeblich... Die Geschichte rührt an und soll anrühren: Der Tanz hat seinen Sitz im Leben unter anderem gerade auch als »Warntanz« am Ende rauschender Feste, als letzter, beruhigender, ernüchternder Tanz weit nach Mitternacht, wenn die Messer der jungen Männer locker sitzen.

Zur Motivation von Jungengruppen

Gerade für tänzerisch schwer zu motivierende, pubertierende Jungen enthält der Kontext des Tanzes (neben seiner besinnlichen Funktion) somit auch eine Vielzahl von gewinnenden, neugierig machenden Elementen, welche in die Ankündigung einfließen sollten: »Was wir nun ausprobieren, ist eigentlich nur für Erwachsene, streng genommen nur für Männer (die Mädchen werden es verzeihen, die Jungen sind in der Regel tänzerisch schwerer zu begeistern), wir dürften das im Grunde genommen auch erst nach Mitternacht tanzen und meistens ist man dabei ziemlich betrunken...« Wer jemals mit Jungen getanzt hat, weiß, dass diese Ankündigung von anderer Wirkung ist als: »Stellt euch bitte im Kreis auf und fasst euch an den Händen.«

Viel mehr aber sollte nicht verraten werden, denn die Chance liegt ja gerade im Entdecken der Korrespondenzen zwischen Tanz und jeweiliger Textunterlegung, die einander nicht synchron verlaufend überflüssig machen, sondern gegenseitig beleuchten bzw. je andere Akzente setzen.

Eigentlich jeder Tanz, dieser aber besonders ist auf Wiederholung angelegt. Als Abschlusstanz vor dem Zubettgehen jeden Abend im Schullandheim oder am Ende jeder Religionsstunde zum Thema Schuld und Vergebung hat er seinen eigenen »Sitz im Leben« – nicht aber als »didaktische Reserve« irgendeiner Stunde, nicht als morgendliches Einstiegsritual (»was singen oder tanzen wir heute?«). Da gibt es unbeschwertere, weniger geprägte Beispiele.

Zur religionspädagogischen Verwendung generell

In bewusst kalkulierter Wiederholung und passender Einbindung beginnt der Tanz zu erzählen, genauer: vermögen die Schüler/innen die sich hinter dem Liedtext verbergende Geschichte auch in der Bewegung aufzuspüren, eine eigene Parallelgeschichte zu entdecken, zu erzählen.

Je nach Jahrgang und Unterrichtssituation bzw. angestrebter Intentionen sind unterschiedlichste Einbindungen denkbar: Vor oder nach Kenntnisnahme der biblischen Geschichte fällt das Unterrichtsgespräch über den Tanz unterschiedlich aus, reizvoll kann es sein, nur das Thema des Tanzes anzukündigen, selbst das muss nicht sein. Auch der Aussagegehalt der herb melancholischen Melodie ist nicht zu unterschätzen. Wie kaum ein anderes Tanzlied bedarf dieses einer bestimmten Stimmung, die es aber andererseits auch selbst aufbaut. Im Übrigen sind »Kain und Abel« nicht der einzig mögliche biblische Bezug. Selbst die Namensnennung im Liedtext legt die Tanzenden in ihrer anschließenden Interpretation nicht fest, in der Regel achtet bei der Erstbegegnung kaum jemand auf den Text, später erst wird mitgesummt, dann mitgesungen.

Vorerst liegt die Chance gerade in der Offenheit (nicht Beliebigkeit), welche erlaubt, eigene Assoziationen (aber eben im Kontext des durch diese Musik und diese Bewegungen und diesen fragmentarisch aufgenommenen Liedtext) einzutragen. Emotionale Einstimmung in ein Thema und kreative Ermittlung der Lernausgangslage (im weitesten Sinn und nicht nur betreffs abfragbarer Wissensbestände) liegen hier dicht beieinander:

Nach drei Schritten zur Mitte folgt ein »Fingerzeig mit dem Fuß«... Wer steht dort am Pranger (in der Mitte – möchte vielleicht jemand sich dort hinstellen, hinkauern, hinlegen)? Kain? Die Ehebrecherin, auf die Stein für Stein geworfen werden soll? Irgend ein anderer, schuldig geworden, woran, an wem? Oder muss man heutzutage gar nicht mehr schuldig werden, damit mit Steinen geworfen wird...?!

Wer wirft auf wen? »Ich bin der Stein, der ihn warf und den er getroffen...« Erlebe ich mich als Opfer – aber bin ich anderntags nicht auch Täter oder lasse mich als Werkzeug gebrauchen?

Und dann dieses »Fegen«: Fegt da jemand seine Gewissensbisse fort, seine Bedenken, ehe er zum Stein greift? Und dann? Schlagen wir zu oder legen wir den Stein aus der Hand? Das Heben des Fußes, das ruckartige Absetzen der Fußspitze: die Tat – oder das Abstandnehmen davon? Das Ganze steht in der Bibel? Wo? Wie geht es da aus? Wird da auch getanzt? Da nicht, aber an anderen Stellen... Die Neugier zieht Kreise, ist fruchtbar zu machen.

Die Erzähltraditionen im Zusammenhang mit dem Menoussis sind vielseitig, gemeinsam ist ihnen der Themenkreis »Schuld und Vergebung« bzw. »Trauer« und »Tod und Leben«. In letzterem Kontext ist das Auf und Ab des letzten Drittels im Tanz auch in Ausführung und Deutung variiert anzutreffen: etwa als Heben und Senken auf den Zehenspitzen, gedeutet als Blick über die Friedhofsmauer.

So ist eines der themenunabhängigen Lernziele immer auch die Erkenntnis der potenziellen Mehrdeutigkeit (des ästhetischen Gefüges, in dem sich Lebensweisheit bzw. Glaubenserfahrung anderer verdichtet hat), die eine Entscheidung verlangt: Welche Bedeutung hat dies für mich, welche gestehe ich zu? Mit dieser Entscheidung trete ich in ein Spiralcurriculum ein: Ich teste aus, was meine Entscheidung austrägt; ich habe (nur) die Freiheit, mich so oder so zu binden und auf dieser Grundlage die nächste Entscheidung zu treffen.

Zur weiteren Vertiefung kann auch die folgende Erzählung aus der Perspektive des Steins dienen:

Der Stein
Ich hatte gleich gewusst, dass es mit diesen beiden ein böses Ende nehmen würde. Aber dass man mich dazu benutzen würde, hätte ich in meinen schlimmsten Träumen nicht gedacht. Hatte dieser Mann denn keine Fäuste? Oder traute er sich doch nicht, so direkt Hand anzulegen an seinen Bruder? Wie auch immer, nun hatte also der eine den anderen erschlagen und mich, ausgerechnet mich dazu in die Hand genommen. Als hätte ich nicht schon genug zu tragen... Hatte Gott nicht, ehe er die Eltern dieses Unglückseligen aus dem Paradies trieb, den Acker verflucht und mich und meinesgleichen als Inbegriff des Kalten und Harten, der Mühe und des Kummers herausgestellt: »Steine soll er tragen...« Da fühlt man sich willkommen auf dieser Erde – geboren aus einem Fluch! Und nun – abgelegt von einem Mörder, du bist ja nur ein Stein, sieh zu, wie du damit fertig wirst. Aber der Mörder selbst darf Gott frech die Stirn bieten und erhält ein Zeichen, dass ihm bloß keiner was tut.
Jahre vergehen, Jahrzehnte, Jahrhunderte, Jahrtausende vielleicht... Wer zählt schon die Zeit eines Steins? Abgeschliffen vom Wasser liege ich noch besser in der Hand. Aber nein, um Gottes willen, bitte nicht schon wieder ich! Schau doch, Junge, so viele andere Kiesel schmiegen sich ebenso gut in das Band deiner Schleuder. Aber der hört jetzt nichts mehr, geht auf den Riesen zu und zieht mich mit wilder Entschlossenheit an das Gummi, der Rest geht so schnell, dass ich mich kaum entsinnen kann. Es scheint so, dass ich den groben Klotz an der Stirn getroffen habe. Den Kleinen heben sie gerade auf ihre Schultern und tragen ihn in die Mauern. Dieser Tod wird gefeiert, wenn auch nicht von allen. Die bei mir stehen, scheinen fassungslos... Diese Tode, gewollte und nicht gewollte, und ich immer mittendrin, warum lässt Gott mich die Drecksarbeit machen?
Sicher, ich hätte mir's denken können, dass man mich nicht zur Ruhe kommen lässt. Diese aufgeregten Stimmen kenne ich nur allzu gut und diese vor Angst weit aufgerissenen Augen... In Kürze wird man nach mir greifen, ich habe die richtige Form. Aber was ist das? Keine Hand ballt sich um mich zur Faust, ein Finger nur berührt dicht neben mir die Erde, schreibt etwas in den Sand. Schreibt und sagt etwas, nennt meinen Namen, und die Stimmen verändern sich und die Augen und ich – bin erlöst.

Als die Götzen Kinder fraßen

Text und Musik:
Siegfried Macht

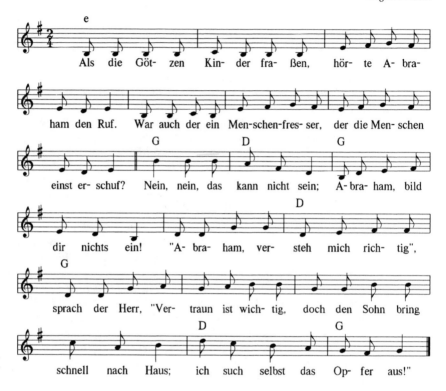

Als die Götzen Kinder fraßen, hörte Abraham den Ruf. War auch der ein Menschenfresser, der die Menschen einst erschuf? Nein, nein, das kann nicht sein; Abraham, bild dir nichts ein! "Abraham, versteh mich richtig", sprach der Herr, "Vertraun ist wichtig, doch den Sohn bring schnell nach Haus; ich such selbst das Opfer aus!"

Kindertanzspiel im Kreis

> Ausgangsstellung im Kreis durchgefasst, Blick auf ein Kind in der Mitte: »Isaak« geht im Uhrzeigersinn im Kreis der anderen, die ihm andersherum entgegenkommen.

Takt	Zeit	Bewegung
1-4		8 Stampfschritte gegen den Uhrzeiger (der letzte leitet bereits eine halbe Drehung ein)
5-8		8 Stampfschritte mit dem Uhrzeiger
9-12		8 Seitgaloppschritte gegen den Uhrzeiger (mit dem letzten bereits in Gegenrichtung abstoßen)
13-16		8 Seitgaloppschritte mit dem Uhrzeiger
17-20		8 Schritte auf der Stelle (abwechselnd rechts und links belasten). Wer in Takt 17 vor dem Kind in der Mitte (»Isaak«) zu stehen gekommen ist, wird zum »Opfertier« und tauscht mit »Isaak« den Platz, das heißt, beide gestalten die letzten beiden Takte so:
19	1	einander die rechten Hände reichen
	2	einander (über Kreuz) die linken Hände reichen
20	1	etwas in die Knie und Schwung holen
	2	Sprung auf die Position des Gegenübers

Von vorn (Isaak ist erlöst, aber auch das für ihn eingesprungene Opfertier wird nicht als Sündenbock in die Wüste gejagt – umgedeutet als neuer Isaak erfährt auch dieses Kind wieder die Befreiung: Gott allein gibt sich für uns, von uns muss niemand mehr der Sündenbock sein!)

Die Kreismitte: Ort der Ängstigung und Erlösung

Inmitten der vielen anderen ist die Kreismitte für das einzelne Kind der besondere Ort, ist jenes Zentrum, von dem aus die anderen befehligt werden können wie das Karussell vom die Mitte beherrschenden Karussellbesitzer[4].

Die Mitte ist aber auch der Ort herausragender Angst, wenngleich mit der besonderen Chance ihrer Überwindung in der Katharsis[5] des dramatischen Spielverlaufs ausgestattet.

---

[4] Vgl. Paul Maar/Siegfried Macht, Das Karussell, in: Macht, Der große Miteinandertag, Köln 1994, 20-22.

[5] »Katharsis« hier durchaus im Sinne jener »läuternden« Angst- bzw. sogar Todeserfahrung des griechischen Dramas.

So sind entsprechende Kreisspiele, welche den Einzelnen inmitten aller zeigen, häufig gleichermaßen transparent für Passion und Aktion, Tod und Leben, Angst und Erlösung. Auch ihnen haftet etwas an von der Symbolik des Taufaktes: Wer mit ihnen spielt, will (das Sprichwort aufnehmend) »umkommen *in* der Gefahr, in die er sich begibt«, um neu werden zu können *durch* die Gefahr, in die er sich begibt (eben dies meint »Katharsis«).

Das vorgestellte Kreisspiel zeigt dabei ein Grundmuster traditionellen Kinderspiels, dessen Pointe im abschließenden Rollenwechsel zwischen dem Kind im Kreis und dem vor ihm zum Stehen kommenden besteht. Der jeweils gewählte Kontext entscheidet über die mögliche Deutung dieser Begegnung z.B. als »Erwählung« bzw. »Erlösung« und lässt sich wie bei nahezu allen hier vorgestellten Bausteinen mit je eigener Chance entweder narrativ in die Erarbeitung des Tanzes eingestreut vorgeben oder nachträglich aus der Inbeziehungsetzung von Geschichte, Lied und Tanz/Bewegungsspiel erarbeiten: Ersteres (als hier gewählter Vorgang) verlebendigt die sonst unanschaulichere Erarbeitung der Bewegung, letzteres intensiviert die eigenständige Auseinandersetzung mit der jeweiligen Thematik und hilft vorschnelle Festlegungen auf eine pseudoobjektive Eindeutigkeit zu vermeiden.

Der biblische Text als Grundlage von Liedtext und Tanzsymbolik

Wohl wissend, dass mit Gen 22,1-19 eine der dunkelsten Erzählungen des Alten Testamentes berührt wird, soll und kann hier nicht der Versuch gemacht werden, das Deutungsspektrum gerade dieses Textes auch nur annähernd wiederzugeben. Im Zuge des zunehmenden Interesses, den gerade dieser Text aber in kirchlich verantworteten Kindergärten und nicht zuletzt auch auf Bitten moslemischer Eltern in den letzten Jahren erfahren hat[6], soll er auch nicht unterschlagen werden, sondern stattdessen in einer Weise vorgestellt werden, die in besonderer Weise Rechnung trägt

a) der Gestaltung für und mit Kinder(n).
b) der Eigenart des christlichen Verständnisses von Gehorsam, das (anders als im Islam und im Judentum) gerade Abraham gerechtfertigt durch seinen Glauben und nicht durch seinen Gehorsam herausstellt.

---

6 Vgl. den entsprechenden Hinweis von Wolfgang Longardt in »was und wie«, Heft 4/94, 213

c) der Eigendynamik des traditionellen Kinderspiels und seinen Entsprechungen im biblischen Text.

Die zugrunde liegende biblische Erzählung zeigt sich vor diesem Hintergrund als in der Person des Abraham verdichtete Erfahrung, dass der Gott Israels das Menschenopfer nicht will. Es handelt sich also (zumindest auch und wesentlich) um eine Ablösungsgeschichte: Gott ruft sein Volk in dessen Urahn, d. h. von Anbeginn aus diesem Brauch seiner Umwelt heraus. Nicht Gott braucht den Gehorsamsbeweis Abrahams, sondern der und seine Nachfahren müssen in solch eindrücklicher Art und Weise (also »gestaltet«!) erleben, was unangetastet gelten soll gegen alle Versuchungen, religiöses Brauchtum der Nachbarschaft (wie eben die Opferung der Erstgeburt) zu übernehmen. So steht über Abraham bis ins Neue Testament hinein der Satz: »Abraham glaubte Gott, und das rechnete er ihm zur Gerechtigkeit« (Gen 15,6). Nicht eine als Kadavergehorsam misszudeutende Gehorsamsleistung, sondern der vertrauende Glaube an den Gott des Lebens steht im Mittelpunkt: Glaube an den Gott, der Sara und Abraham eben diesen Sohn Isaak noch in hohem Alter schenkte und der Abraham versprach, ihn durch eben diesen Sohn zu einem großen Volk, ja zum Vater vieler Völker zu machen. Durch diesen Sohn ist Abraham an Gott »gebunden«, wie übrigens auch Gott sich an Abraham gebunden hat und insbesondere Isaak selbst sich an Gott binden lässt (vgl. die gegenseitige Freisprechung von Sohn und Vater in der jüdischen Bar-Mizwa-Feier, welche den Sohn nun unmittelbar als Sohn des Glaubens kennzeichnet).

So ist die »Bindung« Isaaks, wie das Judentum diese Erzähleinheit gern akzentuiert, die bessere Kapitelüberschrift, die »Opferung« als Titel völlig falsch und die »Auslösung«, ja »Erlösung« der Vorausgriff auf den sich in Christus selbst als Opfer gebenden Gott, eben wiederum mit dem Ziel, jegliches Menschenopfer ein für allemal überflüssig zu machen.

Diese Überlegungen finden sich im Tanzspiel wieder: Mit den ersten acht Stampfschritten befinden wir uns in der fordernden Umwelt Abrahams, deren Rufen Gott quasi pädagogisch aufnimmt, um Abraham letztendlich die gegenteilige Erfahrung zuteil werden zu lassen. Eben dies scheint Abraham zu ahnen, denn seine Knechte lässt er mit den Worten zurück: »Ich und der Knabe wollen dorthin gehen; und wenn wir angebetet haben, wollen *wir* wieder zu euch kommen« (Gen 22,5). Von Anfang an liegt über der Erzählung das verzweifelte Vertrauen Abrahams, dass sein Gott anders ist als die Menschenopfer fordernden Götzen. Was er jetzt noch nicht klar sieht, erhofft er, im Gebet zu erfahren. In der Nähe Gottes – und eben dafür steht der Gang auf den Berg – wird er Gottes Wort deutlicher hören als vorher. Dem folgt das Tanzspiel in den folgenden acht Schritten (Takt 5-6), die in die *andere* Richtung führen: Abrahams Hoffnung läuft der gehörten Aufforderung entgegen und damit kann er sich auf alles bisher mit diesem Gott Erfahrene stützen. So kann er dem Sohn auf dessen bedrängende Frage nach dem nicht vorhandenen Brandopfer antworten: »Mein Sohn, Gott wird sich ersehen ein Schaf zum Brandopfer!« (Gen 22,7-8)

Und wirklich: In der Gottesnähe auf der Spitze des Berges hört Abraham deutlich den Engel Gottes, der all seine Hoffnungen bestätigt. Hier verwandelt sich die Bewegungsfolge des Tanzspieles vom erdbezogenen (Fruchtbarkeitskulte widerspiegelnden) Stampfschritt zum aufwärts gerichteten Seitgalopp. Im Mittelpunkt des Erlebens steht für das Kind in der Mitte dann die Erlösung: Plötzlich steht einer vor ihm (den hat es sich nicht selber ausgesucht), streckt ihm die Hände entgegen und holt es aus der »Einkreisung« heraus – sich selber dafür hineingebend.

Zur Aktualität des Textes

Gerade im Ringen um einen der Ideologiekritik nicht ausweichenden Gehorsamsbegriff ist festzuhalten: Dieser Abraham ist nicht das Urbild für »blinden« Gehorsam, vielmehr für »sehenden«, eigentlich für »sich gesehen wissenden«. Die ganze Geschichte ließe sich nämlich auch als Antwort auf das Fragen der nachfolgenden Generationen nach dem »merkwürdigen« Namen jenes heiligen Berges erzählen, der »Gott sieht« heißt. Diesen Namen – so die biblische Endredaktion – trägt er seit den Tagen Abrahams, der hat ihn ihm gegeben, der hat sich als von Gott Gesehener erfahren.

Hier verdeutlicht also einmal nicht der Text ein Bild, sondern andersherum das Sehen das Hören: Das Bild hat das »letzte Wort«, wohlgemerkt aber nicht das Bild, das Abraham von Gott »hat«, sondern vielmehr jenes, das er über sich gewinnt, in der Erfahrung sich mit den Augen Gottes zu sehen – das Paradoxe bzw. Verrückte dieser Vision ließe sich fortsetzend ins Unendliche spiegeln wie ein zwischen zwei Spiegel geratenes Bild: Eben so sieht Abraham sich als ein zwischen Gott und sich selbst Geratener in den Augen Gottes (wie ihn Abraham nun sehen kann, weil ihn Gott sieht... usw.).

Damit liegt eine Erzählung von politischer Brisanz vor: Viel zu viele Väter sind samt ihres Gottesbildes blind geblieben und willig, ihre Söhne und Töchter den Götzen des Krieges, aber auch des (eigenen wie von den Kindern erhofften) Erfolges und anderen Götzen zu opfern, lange noch nach der Erfahrung Abrahams, dass der letzte Ruf Gottes heißt: »Lege deine Hand nicht an und tue ihm nichts!« (Gen 22,12) Dass Gott diesen Sohn beansprucht, um ihn zu befreien, ist die geheimnisvoll andere Seite der Geschichte, welche Isaak zwischen den Zeilen von Gen 22,19 bei Gott bleiben und Abraham allein zu den Knechten zurückkehren lässt, so dass Gen 22,5 sich auf merkwürdige Art und Weise gedreht hat: Dort (Vers 5) begegnet uns angesichts des angekündigten Todes das Festhalten an der Gemeinschaft mit dem Kind, jetzt (Vers 19) angesichts des zum zweiten Mal geschenkten Lebens dessen Freigabe.

Wie »dunkel« darf die Erzählkunst sein, damit Kinder das »Helle« noch sehen?

Nachdem nun deutlich ist, dass es im Kern um eine »helle« Geschichte geht, soll aber doch ein Einwand noch zu Gehör gebracht werden, der im Zusammenhang mit dem »dunklen« Gewand dieser Erzählung nicht verstummt: Verkraften Kinder diese Bilder?

Der Hinweis, dass die Bibel solche Elemente nun einmal enthalte und gerade darin Gott sich als der Unverfügbare erweise, ist zwar richtig, erscheint mir aber angesichts der Verantwortung für eine nicht traumatisierende Gestaltung mit den Kindern selbst noch nicht ausreichend, um alle Bedenken auszuräumen.

Hilfreich dürfte hier der vergleichende Blick auf den Umgang mit Märchen einerseits und Horrorvideos andererseits sein. Verfechter entsprechender Videos lassen hin und wieder verlauten, dass diese nichts anderes tun als die Märchenerzählerinnen (und Märchen können wahrhaft grausam sein!) von alters her.

Hier muss jedoch entgegnet werden, dass prägend für kindliche Verarbeitung eines Stoffes weniger sein Inhalt als vielmehr seine Vortragsweise ist. Damit sind nun gar nicht zuerst die Nuancen in den unterschiedlichen Übertragungen zum Beispiel von Kinderbibeln ins Blickfeld gerückt, obwohl auch dies dazugehört. Im Vordergrund steht hier vielmehr die Unterscheidung zwischen dem Märchen oder der biblischen Geschichte, bzw. einem ihr folgenden Liedtext (»als die Götzen Kinder fraßen...«) als gelesener oder gehörter Geschichte auf der einen Seite und dem Horrorvideo als einem Medium des bewegten Tonbildes, das allen relevanten Sinnen die Ergebnisse bereits vorgibt, auf der anderen Seite. In eben dieser Vorwegnahme des kindlichen Verarbeitungsprozesses liegt die eigentliche Gefahr: Während der gehörte, gelesene, gesungene Text das Kind herausfordert, ihn in eigene Bilder umzusetzen, und das Kind seinem Entwicklungsstand entsprechend das selbst Erfahrene darin spiegeln wird, gibt das Video die Bilder vor. Bilder noch dazu, die nicht auf symbolhafte Offenheit, sondern auf die Eindeutigkeit des Schocks hin konzipiert sind.

Und noch etwas darf nicht vergessen werden: Um jeden Erzähler baut sich eine Stimmung auf, an der die Zuhörer nicht unerheblich Anteil haben und die auf den Erzähler zurückwirkt. Jedes gemeinsam gesungene Lied, jedes Tanzspiel ist eine Interaktion aller Beteiligten: Deren Gemütsregungen sind nicht nur als Reaktionen möglich, sondern bestimmen die Substanz des Geschehens wesentlich mit. Das Video aber läuft unbeeindruckt weiter, seine »Ausstrahlung« ist unbeeinflussbar ist. Darin übertrifft es sogar jene der Realität: In ihr soll es hin und wieder noch vorkommen, dass der Eindruck eines Leidenden seine Umwelt verändert. Der Bildschirm aber ist taub und blind.

David soll es sein
Gott selber sprach zu Samuel

Text (vgl. 1 Sam 16,1-13) und
Musik: Siegfried Macht

2. Zum Propheten sprach Gott: »Halt!
Sieh nicht nur auf die Gestalt.«
Ein Mensch sieht was vor Augen ist,
der Herr das Herz viel höher misst.

   Schau, die andern schon
   kamen Sohn für Sohn,
   kamen dreimal zwei,
   ER war nicht dabei.

3. Keiner davon ist erwählt.
Kann es sein, dass einer fehlt?
Ja, der Jüngste ist nicht da,
weil er bei den Schafen war.

   David, David,
   David, David,
   David, David,
   David soll es sein!

Rechte: Strube Verlag, München

> Wenn die tanzenden Kinder selbst mitsingen, reicht zumindest bei der Erstbegegnung die Beschränkung auf die erste Strophe und den letzten Refrain als ständig wiederholte Texierung. Nun können auch gemäß der unten erläuterten Zahlensymbolik bis zu 8 Durchgänge aneinandergereiht werden.

Mixer für zwei (Kinder-) Kreise

Aufstellung in zwei konzentrischen Kreisen: Gruppe I spielt David (und seine Brüder) innen mit Blick gegen den Uhrzeigersinn; Gruppe II spielt den Propheten Samuel (und die ihn evtl. begleitenden Neugierigen) außen mit Blick im Uhrzeigersinn. Gruppen gleicher Personenzahl bilden, damit es im B-Teil paarweise aufgeht (Gruppenleitung reguliert, indem sie bei ungerader Personenzahl mittanzt).

A-Teil
Mit 8 × 2 Schritten (rechter Fuß beginnt) gehen die Kreise in Gegenbewegung (Zeitmaß ist die Viertelnote), mit dem letzten Schritt Vierteldrehung um rechts zu einem Partner aus dem anderen Kreis.

B-Teil
»Handtour rechts«: Rechten Arm rechtwinklig erheben, Hand des Gegenübers fassen, mit 8 kleinen Schritten Kreisbewegung im Uhrzeigersinn über den Platz des Gegenübers zum Ausgangsplatz zurück.
»Handtour links«: Linken Arm rechtwinklig erheben, Hand des Gegenübers fassen, mit 8 kleinen Schritten Kreisbewegung gegen Uhrzeigersinn über den Platz des Gegenübers zum Ausgangsplatz zurück.
Von vorn.

Zahlensymbolik

Interessant ist in diesem Zusammenhang die Symbolik der »8«. David hat 7 Brüder (vgl. die Zählung von 1 Sam 17,12 bzw. 16,10 und 11 gegen 1 Chr 2,13ff), damit ist die eigentliche biblische Vollzahl vorgegeben. Aber der Erwählte ist weder der Erstgeborene noch der siebte Sohn, mit dem sich die Fülle (vgl. den Sabbat der Schöpfungswoche und eben die Zahlensymbolik von 1 Chr 2,13ff) erschließen würde. Der Erwählte ist der Achte, der »Überzählige«, dessen Nachfahre, von den »Bauleuten verworfen", dennoch zum »Eckstein« werden wird (vgl. Ps 118,22 und die Aufnahme des Bildes u. a. in Mk 12,10 und 1 Petr 2,7):
Vor dem Hintergrund des Neuen Testamentes, das Jesu Stammbaum (vgl. Mt 1,1ff und Lk 3,23-31) bis auf eben diesen David zurückverfolgt, wird die »8« zur Zahl Christi: Dem »am ers-

ten Tag der Woche« (Joh 20,1) Auferstandenen widmet die frühe Christenheit die »8« als »erfüllte 1«, der 8. Tag ist der 1. auf höherer Ebene (Bild der Spirale), so wie »Christus« der »neue Adam« ist: Nach dem jüdischen Sabbat (Samstag, Sonnabend) als der 7. Tag der Woche wird der Sonntag (als 1. Tag der Woche und nicht als letzter, was entgegen gängigem heutigem Bewusstsein festzuhalten ist) christlicher Feiertag.

Dieselbe Symbolik finden wir z. B. in den achteckigen Taufbecken, welche die »8« als Christuszahl (neue Schöpfung) auch aus der Doppelung der »4« (alte Schöpfung) gewinnen: Der neue Himmel und die neue Erde werden als Kubus (vgl. Offb 21,16) vorgestellt, für den »8« als $2 \times 2 \times 2$ die erstmögliche mathematische Größe darstellt (während ansonsten die »144« als Flächen-Vollzahl »12×12« die entsprechende Zahlensymbolik auf der Basis der zwölf Stämme des neuen Gottesvolkes dominiert).

Brich dem Hungernden Brot

Text (nach Jes 58,1-14) und
Musik: Siegfried Macht

Kanon für 2-5 Stimmen

Brich dem Hun-gern-den Brot, hol ins Haus den im Wind,
gib dem Nack-ten ein Kleid und dich selbst dei-nem Kind.

Wie am Morgen das Rot / bricht hervor dann dein Licht,
vor dir her zieht das Recht, / der dich heilt, zögert nicht.

Und dein Name wird sein / »Der den Riss überwand,
der uns Weg schuf und Wohnung, / des Herrn rechte Hand«.

Denn du tust, was du weißt, / und du weißt, was zu tun,
und im Hören auf Gott / auch feiernd zu ruhn.

Tanzbeschreibung

In konzentrischen Kreisen, Blick zur Mitte, Hände beider Nachbarinnen bzw. Nachbarn locker herabhängend gefasst (V-Position).

Alternativ auch in Reihen, dann nach vier Bewegungsabschnitten (zu je 2^1/$_2$ Takten) mit den drei Schritten auf 7, 8, 9 (s. u.) halbe Drehung und Fortsetzung in Gegenrichtung.

Der Zehnzahl des Dekalogs (10 Worte = 10 Gebote) folgend bilden 10 Zählzeiten im Tempo der Viertelnote eine Bewegungseinheit. Grundschritt ist der ruhige (2 Viertelnoten zu einer Halben zusammenfassende) Seitstellschritt.

Basis-Schrittfolge
1 = Seitstellschritt rechts
3 = links nachstellen
5 = Seitstellschritt rechts
7, 8, 9 = drei zügige Gehschritte auf der Stelle: links, rechts, links
10 = klatschen
von vorn beginnen

Variation
In jedem ungeraden Durchgang statt der Schritte auf der Stelle 3 Schritte zur Mitte.
In jedem geraden Durchgang stattdessen 3 Schritte zurück.

Kanontanz
In beliebig vielen konzentrischen Kreisen nacheinander mit Gesang und Bewegung einsetzen, Innenkreis beginnt, 2. Kreis übernimmt 2. Einsatz usw.; bei mehr als 5 Kreisen gilt 6. Kreis = 1. Kreis usw.; wird die Variation getanzt, dürfen die Vor- und Rückwärtsschritte nicht größer ausfallen als der zwischen den Kreisen bemessene Abstand.

Ostinato
Für tiefe Stimmen und ungeübte Mitwirkende bietet sich der Ostinato aus lediglich den beiden Grundtönen »G« und »C« und der korrespondierende Seitstellschritt im Tempo der halben Note (im Außenkreis) an:

1 = Seitstellschritt rechts
3 = links nachstellen

von vorn

Bewegungsvariante für Ostinato
2 Takte, wie für den Ostinato beschrieben. Dann 2 Takte Fassung lösen und mit Vierteldrehung um rechts, linke Seite zur Mitte 4 Gehschritte (re, li, re, li) vorwärts über die Kreisbahn (gegen den Uhrzeiger) wandern, dabei leise Klatscher in die abwechselnd links und rechts neben dem Kopf erhobenen Hände. Nach 2 Takten Vierteldrehung um links und von vorn (2 Takte Seitstellschritt, Blick zur Mitte; 2 Takte nach Vierteldrehung Gehschritte auf Kreisbahn mit Klatscher usw.).

Wie lange noch?

Text: Siegfried Macht (nach Psalm 82)
Musik nach Anthony Holborne

Rechte: Strube Verlag, München

Pavane

Aufzug wie bei einer Polonaise paarweise hintereinander, Innenhände gefasst. Innenhand ist jeweils die zum Partner zeigende Hand im Paar: seine Rechte und ihre Linke. Schrittmaß ist die halbe Note. Auftakt abwarten.

Takt	Bewegung
1 + 2	*Simple*[7]: links vor, rechts ran (= 1. Simple) rechts vor, links ran (= 2. Simple)
3 + 4	*Double*[8]: links vor, rechts vor, links vor, rechts ran.
5 ff.	Takt 1 bis 4 beständig wiederholen.

Stilistik: ruhiges, stolzes Schreiten; den Ran-Schritt vorbereitend auf dem anderen Fuß (während des »Ranschlurfens«) heben und mit dem Ran-Akzent absetzen.

Mögliche Variationen: z. B. »Hecke« (nach Taubert)
Paarreihe zum Kreis führen und Kreis schließen. Mit dem Ende des Formteils (Takt 8 nach zweiten Mal Double) Wendung zum Partner: Männer (weil links im Paar stehend) bilden nun den Innenkreis, Frauen den Außenkreis.
- Mit 1. Simple links seitwärts (neuen Partner begrüßen).
- Mit 2. Simple rechts seitwärts (von altem Partner verabschieden).
- Mit Double linksschultrig am neuen Partner (schräg gegenüber) vorbei dessen Platz einnehmen; mit letzten beiden Schritten halbe Drehung, so dass Front wieder zum Partner zeigt, dieses Gegenüber ist nicht der neue Partner, sondern ein weiterer. (Männer stehen jetzt außen, Frauen innen)

Wiederholung gegengleich, also
- Mit 1. Simple rechts seitwärts.
- Mit 2. Simple links seitwärts.

---

7 Mit »Simple« (frz.) ist der oben anschließend beschriebene einfache Schritt gemeint, der aus einem Vorwärts und einem Ran-Stellschritt besteht.
8 »Double« meint entsprechend den doppelten Schritt, wie oben anschließend beschrieben.

- Mit Double linksschultrig am neuen (schräg rechts stehenden und mit 1. Simple soeben begrüßten) Gegenüber vorbei auf dessen Platz: Männer stehen nun wieder innen, Frauen außen.

Je nach Absprache »Hecke« entweder fortsetzen oder wieder in den Grundschritt übergehen und polonaiseartig weiter voranschreiten.

Liedtext und Inszenierung: »Umgang« mit Kultkritik

Der Liedtext zitiert die Inanspruchnahme Gottes als Richter der (ungerechten) Richter aus Psalm 82. Analog zur Festkritik der Propheten macht der Psalmist sich zum Anwalt und Sprecher »des Rechtswillen Jahwes; in seinem Namen« fordert er »Gemeinschaftstreue ein, denn die zerstörte Gemeinschaft im sozialen Bereich« ist ihm ein »untrügliches Indiz für die Missachtung des Willens Jahwes und der Gemeinschaft mit Jahwe«.[9]

Der einer Pavane von Anthony Holborne unterlegte Text[10] führt – nunmehr in Gestalt eines Liedtanzes – im Vollzug durch die Lerngruppe zur (nicht nur gedanklichen) »Vorstellung« der festlich einherschreitenden Adressaten des 82. Psalms auf dem Weg zum bzw. bereits im Heiligtum. Die besondere Chance des Liedtanzes besteht in der Möglichkeit zur doppelten Identifikation:

a. Das Lernen der Schrittfolge zur anfangs instrumental zugespielten Musik vom Tonträger hilft der Gruppe ein in die Vorstellung festlich schreitender Gottesdienstbesucher, wobei der feierliche Ernst von Musik und Schrittfolge diese vorerst positiv qualifiziert und die Tanzenden zur Identifikation einlädt. Mögliche Ablehnungen lägen allenfalls in der Fremdheit von Musik und »Vorgang« begründet – die »Frömmigkeit« der Dargestellten ist noch von keinem Makel behaftet, stattdessen verbindet sie mit der Lerngruppe das redliche Bemühen um die richtigen Schritte, was hier doppelsinnig sowohl im Hinblick auf das Erlernen des Tanzes wie den damit stilisierten Lebenswandel vor Jahwe zu verstehen ist.

Diese Erstidentifikation ist in mehrfacher Hinsicht bedeutsam: Zum einen ist allen Formen eines latenten Antisemi-

---
9   E. Otto und T. Schramm, Fest und Freude, Stuttgart 1977, 79-80.
10 Aus: Siegfried Macht, Gib nicht dem wilden Tier..., 30-31. Auf CD: ebd., München und Berlin 1994.

tismus vorzubeugen, der (mehr oder weniger anachronistisch) alle »gesetzliche« (auch »gesetzesfreudige«) alttestamentliche Frömmigkeit (nur im Gegensatz zu Jesus sehen kann und) unter einem verengten Verständnis von »Pharisäertum« subsumiert und abqualifiziert. Zum andern ist (der geradezu bibliodramatische) Perspektivenwechsel zu fördern, welcher ein vorschnelles Abrücken von den (nur scheinbar »erkannten«) anderen (»die Reichen«, »die Frommen/Frömmelnden«, »die Gesetzestreuen« usw.) vermeiden hilft.

Der Grundschritt der Pavane, für Fortgeschrittene auch die Choreografie (»Hecke") wird solange zur rein instrumentalen Musik (auch summend oder selbst musizierend) geübt, bis die Gruppen eine gewisse Sicherheit und (zu Recht) zufriedenen Stolz (!) erreicht hat:

b. Jetzt erst wird der Liedtext eingeführt bzw. bei der spielerischen Erstbegegnung besser vom Tonträger eingespielt oder vom Lehrer den Tanzenden zugesungen, so dass die Adressierung deutlich wird: Die Tanzenden werden von einem Außenstehenden angesungen.

Sollte die Gruppe immer noch intensiv auf die Bewegung achten müssen, kann es sein, dass der Inhalt des Textes überhört wird. Auch das ist aufschlussreich und im Nachgespräch herauszustellen: Inwiefern ist Sicherheit (im Sinne von Identität) »herstellbar« und inwieweit ist das Wahrnehmen-Können fremder Stimmen ein Kriterium des erreichten Stadiums von Identität?

Wahrscheinlicher ist aber ein Lachen der Tanzenden kurz nach Einsetzen der Singstimme, deren Text die Gruppe missversteht, missverstehen muss: »Wie lange noch, wie lange, wie lange noch, wie lange …?« Die mehrfache Wiederholung der vorerst nicht zu Ende geführten Frage provoziert den Bezug auf die Dauer des Tanzens: Wie lange noch sollen wir tanzen?

Die sich darin humorvoll gegenüber dem Gesang einstellende Distanz und das quasi vorprogrammierte Missverständnis durch die mit sich (und der Einhaltung ihrer Schritte!) Beschäftigten baut eine Szene auf, welche das Unverständnis und den Spott auch emotional nachspüren lassen, auf welche prophetische Kult- und Sozialkritik wohl größten Teils gestoßen ist.

Spätestens, wenn das Hinweghören über den Schluss der mehrfach wiederholten Strophe einem gewissen Befremden weicht, ist es Zeit, miteinander ins Gespräch zu kommen.

Erst im Verlauf der Reflexion erfolgt erfahrungsgemäß eine zunehmende Umorientierung der Gruppe, eine Entfremdung von der tanzend eingenommenen Rolle. Besonders sinnfällig wird dieser Wechsel, wenn die Gruppe zuerst tanzt, dann aber auch das Lied singt: »Erst waren wir die sich gesetzestreu wähnenden Frommen, dann der sie anklagende Prophet bzw. Psalmist?!«
Hier gilt es, in sensibler Gesprächsführung Missverständnisse zu vermeiden: Was wir erlebt haben, war die berechtigte Freude an der Gestaltung einer wenn auch vorerst textfreien, so doch womöglich bildreichen Vorstellung eines alttestamentlichen Tempelgottesdienstes. Die vom Psalmisten zugetragene Kritik ist der Gruppe als eine Kritik nicht der erlebten Fülle, sondern der darin ruhenden Gefahr des aus dem Blick geratenen Mangels zu verdeutlichen. Es geht um die Wahrnehmung im doppelten Wortsinn »not-wendiger« Zusammenhänge zwischen dem feierlichen Gottesdienst (welcher die »Macher« vor »Machbarkeitswahn« und die »Helfer« vor dem »Helfersyndrom« und einem »Ausbrennen« bewahren kann) und den nicht abtrennbaren ethischen Konsequenzen der im Gottesdienst bekundeten Solidargemeinschaft mit den Schwachen: *Nicht, dass die einen reich sind, ist das Problem, sondern dass daraus die Armut anderer entspringt.*

Zum Verhältnis von Melodie, Text und Tanz

- Deutlich gliedert die Melodie sich in 2 + 2 + 4 zusammengehörende Takte, worin das Schrittmuster der Pavane seine Entsprechung (simple, simple, double) findet.
Festzumachen ist der Grad größeren Zusammenhangs zwischen den Takten 5-8 an den (gegenüber der Stauwirkung der halben Note in Takt 2 und 4) fließenden Vierteln in Takt 6 und der darüber hinausgehenden Achtelbewegung in Takt 7, wodurch die zweite Hälfte des ersten Teils einen durchgängigeren Melodiefluss erhält. Dem korrespondiert der Aufbau des Textes, der nach wörtlicher Wiederholung (der Takte 1 + 2 durch 3 + 4) die in kaum variierter Wiederholung (der Takte 5 + 6) aufgebaute Spannung auf kürzestem Raum (in Takt 7 + 8) und in fast zungenbrecherischer Manier auflöst, als wolle er einen stotternd aufgeregten oder auch zornig erreg-

ten Propheten/Psalmisten vor Augen und Ohren führen, dessen Eifer (vgl. Ps 69,10) sich (nach langem Stau) urplötzlich Bahn bricht.

- Im weiteren Verlauf der Melodie läuft diese zunehmend über die Taktstruktur der strengen Pavane hinweg, was Reiz und Schwierigkeit des tänzerischen Bestehens solcher Verunsicherungen ausmacht. »Gut, wenn einer ohne Stütze gehen kann – was aber, wenn etwas sich von seinen Wurzeln trennt?« – womit in zwei Bildern der durchaus unterschiedlich zu interpretierende Sachverhalt umrissen sei.

- Aufmerksam zu machen ist weiterhin auf die Synkopen der letzten 6 Takte: Hier wird zuerst die Widerborstigkeit des Todes betont, welcher die vermeintliche Größe der Adressaten in ihre Schranken weist und das »doch« des Widerspruchs synkopisch akzentuiert.

Die folgenden, die »1« vorwegnehmenden Synkopierungen erwecken den Eindruck höchster Dringlichkeit, lassen dem Tanzenden aber auch völlig den »Boden unter den Füßen entschwinden«, indem die Akzente gegen den Schritt laufen. Schrittmaß ist die halbe Note, so dass Text und Melodieakzent nicht einmal auf unbetontem Schritt, sondern zwischen den Schritten erfolgen: Der Boden scheint dem Schreitenden hier und jetzt – soweit er im Einklang mit dem Gehörten verbleiben will – »unbetretbar«. Die Verunsicherung erreicht ihren Höhepunkt, auch der Singende fällt in das Loch, das er selbst aufzeigt: Wenn die Richter das Unrecht Recht nennen, ist keine Hilfe, es sei denn, Gott selbst macht sich auf und »spränge in die Bresche«. So entsteht einerseits eine deutliche Beziehungskette (»Wer« – »Armen« – »Gott«) der auf gleicher Taktzeit liegenden, gleichermaßen inhaltlich wie rhythmisch vorwärtsdrängenden Elemente; deren letztes (»Gott«) bildet aber gleichzeitig den erhofften Anfang vom Ende der Unsicherheit in der »Bewegung«, indem es den nachfolgenden Taktanfang nicht durch Überlänge verschleiert.

Auf keinen Fall aber sollte eine derartige Interpretation als zwingend angesehen werden; stattdessen gilt es in unterrichtlichen Zusammenhängen auf Bezüge zwischen den einzelnen Elementen eines komplexen ästhetischen Gefüges aufmerksam zu machen, die in dieser oder jener Bedeutung relevant werden können, was andererseits aber eben auch nicht Beliebigkeit fördert, sondern Stellungnahme(n) abverlangt.

Des Weiteren kann gerade an der Weise, wie sich die relativ komplexe Figur der »Hecke« mit Logik und hoher Ästhetik nahezu »von allein« (eben nur durch Drehung zueinander) aus dem Grundschritt ergibt, die Faszination jener Tänze abgeleitet werden, die spätestens seit der frühen Antike und mindestens bis zum höfischen Tanz der absolutistischen Herrscher vor allem Frankreichs als Abbild der Schöpfungsordnung standen.

Frappierend ist dabei die kommunikative Auflockerung, welche der ansonsten pathetisch steife Tanz in seiner rigiden Paarbezogenheit während der Hecke erfährt: Die mir zugespielten »anderen« in dieser Figur geraten wirklich zu »anderen«, zu jenen biblischen »Nächsten«, die ich mir nicht selbst aussuche, sondern die urplötzlich vor mir stehen. Es ist der »Double«-Schritt (s. o., Tanzbeschreibung »Pavane« unter »Hecke«) in der Gegenbewegung, der nicht den nächsten als begrüßten (!) und erwarteten neuen Partner beschert, sondern den »Über-Nächsten«.

Gott, auf dich traue ich

Text (nach Psalm 31,1a.4b.6a)
und Musik: Siegfried Macht

Spirale abschreiten

Einzeln oder in der Reihe hintereinander gefasst kann der Raumweg einer Spirale oder eines (mit Schnüren gelegten) Labyrinthes abgeschritten werden.

Geschritten wird im ruhigen Tempo der halben Note oder wie folgt im Tempo der Viertel: rechts vor, links unbelastet (Tipp) ran, links vor, rechts unbelastet (Tipp) ran – von vorne…

Langsames und fließendes Schrittmaß können auch kombiniert werden; z. B. ruhig hinein, zügiger hinaus. Zudem wird älteren Erwachsenen eher das langsame, Kindern eher das flottere Zeitmaß liegen.

Insbesondere wenn einzeln ohne Fassung gegangen wird, kann auch jede/r ihr/sein eigenes Schrittmaß finden und z. B. Wechselschritte (kurz-kurz-lang) als Grundlage wählen.

Labyrinth auf dem Fußboden der Kathedrale von Chartres, 12. Jahrhundert

Im Gottesdienst: Evangeliumsprozession und/oder Antwortgesang

In der liturgischen Feier kann der kleine Gesang auch eine Evangeliumsprozession begleiten: Eine Gruppe trägt die Heilige Schrift ruhig schreitend (s. o.) zum Ort der Lesung. Ist die Gruppe stimmgewaltig genug, kann sie im Kanon versetzt zur Gemeinde singen. Möglich ist an dieser Stelle auch das Singen nur der schreitenden Gruppe, dann bietet es sich an, den Singspruch als Antwortgesang der ganzen Gemeinde nach der Lesung (im Kanon) zu wiederholen.

Singt dem Herrn ein neues Lied

Text: Siegfried Macht
(nach Psalm 96,1-2.11-13)
Musik: chassidisch
Satz: Siegfried Macht

Mit einer Achtelnote »d« als Auftakt beginnend kann auch alternativ textiert werden: »Singt unserm Gott ein neues Lied... ja, singe, singe, singe alle Welt... Singet Gott ein Lied...«.

Lebendiger Kreistanz

Aufstellung: Im Kreis mit Blick zur Mitte, Hände beider Nachbarinnen bzw. Nachbarn locker herabhängend gefasst.

Takt	Zeit	Bewegung
1	1-4	rechts nach rechts, links ranstellen, rechts nach rechts, links ranstellen
2	1-4	rechts nach rechts, vor der rechten Schulter klatschen, auf links seitwärts wiegen, vor der linken Schulter klatschen
3-4		Takt 1-2 wiederholen
5-6		Takt 1-2 wiederholen, aber mit den Schritten 3-5 ganze Drehung um die rechte Seite
7-8		Im Tempo der halben Note Wiegen auf rechts, auf links, auf rechts, auf links. Dabei jeweils die noch in Klatschhaltung erhobenen Hände mit auf die betonte Seite nehmen, wobei sich jeweils die Außenhand nach oben schiebt (ohne dass geklatscht wird).
Wdhlg.		Wdhlg. (Den letzten Schritt vor Beginn des B-Teils links nicht seitwärts, sondern eher ein wenig zurück und dabei schon wieder zum Kreis durchfassen.) – Wiederholung kann wie auf der CD auch entfallen
9	1	re vor li gekreuzt aufsetzen
	2	li nach li seitwärts setzen
	3	re hinter li gekreuzt aufsetzen
	4	li vor re etwas hochschwingen und dabei Hüpfer auf rechts
10	1-4	Takt 9 gegengleich wiederholen: li vor re gekreuzt aufsetzen usw.
11	1	rechts vorwärts zur Kreismitte
	3	links vorwärts
12	1-3	mit Wechselschritt (re-li-re) halbe Drehung um die rechte Seite: Blick jetzt nach außen
13-16		Takt 9-12 gegengleich wiederholen (somit in die Ausgangsposition zurück)
Wdhlg.		(kann auch entfallen wie auf der CD)

Spätestens beim zweiten Durchlauf treten folgende Variationen der Fassung hinzu:
Takt 1+3: Hände nach hinten-vorn-hinten-vorn schwingen.
Von *Takt 5 auf 6* zur Drehung schon im Lösen der Fassung die Hände nach oben schwingen: die Arme im Ellbogen rechtwinklig abwinkeln, so dass durch Kopf und Arme das Bild eines dreiarmigen Leuchters entsteht (Handinnenflächen zeigen zum Kopf).

*Spitzfindige Denkgeflechte hast du zerrissen,
gefüllt hast du die Netze der Fischer*
(altrussischer Hymnus)

Neues Testament

Ihr seid das Salz der Erde

Text (nach Mt 5,13) und Musik: Siegfried Macht

Kanon für 4 Stimmen

Meditativer Kalamatianos als Lichterkette

Wir nehmen das Wort vom Licht der Welt auf und tanzen es in die Dunkelheit: Die linke Hand trägt Teelicht, Kerze, o. ä., die rechte liegt auf der linken Schulter des (rechten) Nachbarn/der Nachbarin.

Wir tanzen die Grundschritte des Kalamatianos wie zum griechischen Osterfest, etwas kleinschrittiger und der Kerzen wegen eben mit anderer Fassung, sonst aber in der überlieferten Form:

Ausgangsstellung ist der offene Kreis, auch der Halbkreis oder die Reihe, wenn es der Raum nicht anders hergibt auch mehrere Reihen oder offene Kreise. Die/der jeweils Erste führt die Gruppe frei durch den Raum; schon allein des Zeichencharakters wegen bietet sich auch das Ein- und Ausrollen in Form einer Spirale an.

Schrittmaß ist lang-kurz-kurz, drei Schritte pro Takt (3/8 + 2/8 + 2/8 = 7/8).

Der rechte Fuß beginnt, der Sonne entgegen (gegen Uhrzeigersinn = in Tanzrichtung).

6 Schritte über die Kreisbahn (o.ä.):
   re-li-re
   li-re-li
Zur Kreismitte wenden:
   re seit, li vorkreuzen, re absetzen
   li seit, re vorkreuzen, li absetzen

Von vorn

Mäusehaut

War einst ein König, der wissen wollte, welche seiner drei Töchter ihn am liebsten hätte. Die älteste sprach, sie habe ihn lieber als das ganze Königreich; die zweite, als alle Edelsteine auf der Welt; die dritte aber sagte, sie habe ihn lieber als das Salz. Der König ward aufgebracht, dass sie ihre Liebe zu ihm mit einer so geringen Sache vergleiche, übergab sie einem Diener und befahl, er solle sie im Wald töten. Wie sie in den Wald gekommen waren, bat die Prinzessin den Diener um ihr Leben; dieser war ihr treu, tötete sie nicht und sagte, er wolle nach ihren Befehlen tun. Die Prinzessin verlangte aber nichts als ein Kleid von Mäusehaut. Als er ihr das geholt, wickelte sie sich hinein und ging an den Hof eines benachbarten Königs. Sie gab sich für einen Mann aus und bat, dass der König sie in seine Dienste nehme. Der sagte, sie solle bei ihm die Aufwartung haben.

Später brachten ihm die Diener einen kostbaren Ring. Mäusehaut müsse ihn gestohlen haben. Als der König sie dieserhalb befragte, wickelte sie sich aus der Mäusehaut heraus. Das Mädchen war so schön, dass der König ihr seine Krone aufsetzte und sie zu seiner Gemahlin erklärte.

Zur Hochzeit wurde auch der Vater von Mäusehaut eingeladen. Der glaubte, seine Tochter sei längst tot und erkannte sie nicht. Auf der Tafel aber waren alle Speisen, die ihm vorgesetzt wurden, ungesalzen. Da ward er ärgerlich und sagte: »Ich will lieber nicht leben, als solche Speisen zu essen!« Sprach die Königin zu ihm: »Jetzt wollt ihr nicht leben ohne Salz, doch habt Ihr mich einmal töten lassen, weil ich sagte, ich hätte Euch lieber als Salz!« Da erkannte er seine Tochter, küsste sie und bat um Verzeihung. Und es war ihm lieber als sein Königreich, dass er sie wiedergefunden.

(Brüder Grimm)

Spitzfindige Denkgeflechte

Text (nach einem altrussischen Hymnus) und Musik: Siegfried Macht

Tür und Tor von
Hass und Rache
hast du verschlossen;
aufgetan hast du
die Augen des Blinden.

Kalamatianos als Fischertanz

Der 7/8-Takt erlaubt die Ausführung als Kalamatianos. Tanzen wir ihn als Freudentanz der besungenen Fischer, der ersten Jünger. Die Fassung der langen Reihe hinter einem Vortänzer mag zudem als Bild der Nachfolge Christi gesehen werden oder an die Führung der in der zweiten Strophe angesprochenen noch Blinden erinnern.

Zur Ausführung des Kalamatianos siehe »Ach Baum, ach guter Baum«.

Gehet hin in alle Welt

Text: Siegfried Macht (nach Mk 16,15)
Musik: altengl. Tanz (vor 1650, Playford)

Altenglischer Kontratanz

Takt	Zeit	Bewegung

Streifen:
1+2 mit 4 Schritten auf den Platz des Gegenübers (linksschultrig aneinander vorbei)
3+4 mit 4 Schritten auf den eigenen Platz zurück (rechtsschultrig aneinander vorbei)

Treffen:
5 Wechselschritt nach rechts seitwärts (re – li – re)
6 Wechselschritt nach links seitwärts (li – re – li)

Drehen zum Nächsten:
7+8 mit 4 Schritten rechtsschultrig am Gegenüber vorbei ganze Drehung, so dass jeder der beiden nun vor dem Nächsten steht:

Weiter wiederholen bis auch die Letzten in beiden Reihen mit den Ersten getanzt haben. Die beiden Ersten schauen danach nach außen. Nun wenden sich alle und es beginnt der 2. Satz:

Armen rechts und links:
1-4 jeweiliges Gegenüber rechts einhaken und einander mit 6 Schritten umkreisen. Auf dem eigenen Platz angekommen während des 7. und 8. Schrittes (auf dem Platz oder wenig rückwärts gehend) den Partner loslassen.
5-8 Einander mit links einhaken und mit 6 Schritten umkreisen. Mit dem 7. und 8. Schritt halbe Drehung weiter zum Nächsten und dabei Fassung mit altem Partner lösen.

Neuen Partner rechts einhaken usw. wiederholen, bis die Ersten wieder voreinander stehen. (Nach jedem Durchtanz bleibt außen ein Paar mehr stehen, bis nur noch die Ersten tanzen.) Danach beginnt der 3. und letzte Satz:

Kette:
1-8 Das Paar in der Mitte schaut zueinander, alle anderen (von der Mitte her geordnet) zum gleichgeschlechtlichen Partner gleicher Gruppe. In Schlangenlinien stets rechtsschultrig beginnend am Gegenüber vorbei. Am jeweiligen Reihenende den Bogen etwas größer nehmen und an zwei Partnern rechtsschultrig vorbei.

Zur Symbolik

Dieser altenglische Tanz korrespondiert dem Text, indem die Ersten ihre Bewegung weitergeben, bis sie auch mit den Letzten getanzt haben: Das Wort Gottes setzt in Bewegung, will weitergesagt werden, läuft um die Welt, ist nicht aufzuhalten.

Wer mich sucht, den will ich finden

Text (vgl. Apg 8,26-39)
und Musik: Siegfried Macht

Quodlibetkanon für 2-3 Stimmen

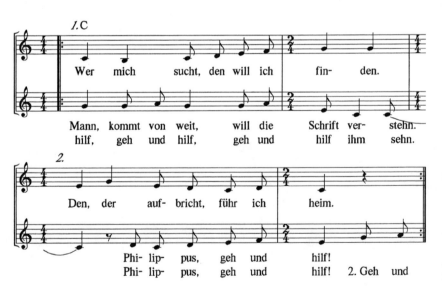

Kanon (obere Notenreihe »Wer mich sucht…«) und Strophen (untere Notenreihe »Kommt ein Mann«) können je für sich nacheinander wie auch zweistimmig im Quodlibet gesungen werden.

Als Begleitung langt ein einziger Akkord auf der Gitarre (Griff C-Dur) oder ein einziger Ton (»c«) von Kinderhand auf dem Stabspiel (Xylophon/Metallophon/Glockenspiel).

Bewegungsspiel

Die Kinder stehen in zwei gleich großen Reihen, die Hände beider Nachbarkinder locker herabhängend gefasst. Die eine Reihe spielt Philippus, die andere den Kämmerer. Beide Reihen singen (evtl. mehrfach) die ersten 4 Takte und werden von den Vorderen (im Tempo der Viertelnote) solange durch den Raum geführt, bis beide so (aus Gegenrichtungen kommend) nebeneinander stehen, dass jedes Kind einen Partner aus der anderen Reihe hat, dem es sich zuwendet (siehe Zeichnungen):

Zum Gesang der Strophen wird nun ein einfacher afrikanischer Klatschtanz (sozusagen aus der Heimat des Kämmerers!) ausgeführt (auch dies im Tempo der Viertelnote und volltaktig, d. h. auf »Mann« beginnend!):
- rechter Fuß nach rechts
- linken ohne Gewicht ranstellen und vor der rechten Schulter klatschen
- linken Fuß nach links
- rechten ohne Gewicht ranstellen und vor der linken Schulter klatschen
  Alles noch 1× wiederholen.
- Während der letzten 4 Zählzeiten der Strophe die Hände mit der Innenfläche nach oben (bei angewinkelten Ellbogen) nach vorn strecken, so als hielte man ein Buch oder eine Schriftrolle, bzw. als strecke man die Hände bittend oder empfangend aus.
  (Liedtext dazu: »Philippus, geh und hilf!«)

Nun die zweite Strophe singen und alle Bewegungen wiederholen, lediglich in der abschließend Pause werden die Hände noch einmal erhoben und in die des Partners gegenüber geklatscht. (Ältere Jungen spielen lieber mit, wenn sie hier nur die erhobene Rechte in die des Gegenübers klatschen dürfen, das sieht »cooler« aus!)

Vertiefung für sing- und tanzfreudige Gruppen

Statt 2 können auch 4 oder 6 (kleinere) Reihen evtl. im Abstand von jeweils 4 Takten beginnen. Es überlagern sich dann Refrain (»Wer mich sucht…«) der noch umherziehenden Reihen und Strophen der bereits als Gasse beieinander Stehenden zur Zweistimmigkeit.

Von einer weiteren Ausdifferenzierung (Einsatz nach 2 Takten führt zusätzlich den Refrain im Kanon und lässt eine Drei- bis Vierstimmigkeit entstehen) ist zumindest parallel zum Spielgeschehen mit Kindern abzuraten.

Kommt und seht

Text und Satz: Siegfried Macht (nach 1 Kor 1,18ff)
Musik: altengl. Tanz (vor 1650, bei Playford)

Kontra-Tanz

Aufstellung[11] in der (horizontalen) Gasse zu acht (und entsprechend Vielfache), die Partner stehen einander dazu mit ca 8 kleinen Schritten Abstand gegenüber; die Hände der Nachbarinnen bzw. Nachbarn in der eigenen Reihe sind locker herabhängend gefasst.
Jeweils 4 Schritte gehören zu einer Schwungeinheit, der 4. Schritt schließt in der Regel als Ranstellschritt die Einheit ab.

1. Durchgang

Takt	Bewegung
Teil A	
1+2	beide Reihen 4 Schritte zueinander
3+4	4 Schritte rückwärts
Wdhlg.	Takt 1-4 wiederholen
Teil B	
5+6	Herren 1 und 2 führen Damen 2 und 1 (also die fremden Partnerinnen) 4 Schritte rückwärts, währenddessen gehen die Paare 3 und 4 mit 4 Schritten zueinander (incl. Wendung zueinander)
7+8	in den neu entstandenen (vertikalen) Quer-Reihen durchfassen und 4 Schritte rückwärts
9+10	4 Schritte vorwärts

---

11 Tanz nach John Playfords (1650-1728) Sammlung »The English Dancing Master«. Vgl. auch »Alte Kontratänze« von Georg Götsch und Rolf Gardiner in der Neubearbeitung von Rudolf Christl, Wolfenbüttel und Zürich 1969, 76 (Tanz Nr. 42); Tanzbezeichnung dort: »Kreuzgang«.

11+12	Paarkreis mit dem Partner gegenüber (mit 4 Schritten auf den eigenen Platz zurück, Dame legt ihre Hände von oben in die knapp auf Schulterhöhe gehaltenen des Herrn)
Wdhlg.	Wdhlg. von Takt 5-12 quasi gegengleich: Paare 3 und 4 rückwärts, die anderen zueinander usw. in die ursprüngliche Reihenaufstellung zurück, dort 4 Schritte rückwärts, 4 vorwärts und Abschluss mit Paarkreis.

2. Durchgang

Takt	Bewegung

Teil A

Streifen:

1+2	mit 4 Schritten linksschultrig[12] am Gegenüber vorbei auf dessen Platz, dort mit Schluss-Schritt wenden
3+4	mit 4 Schritten rechtsschultrig am Gegenüber vorbei auf den eigenen Platz zurück und wenden
Wdhlg.	Wdhlg. von Takt 1+2, aber Paare 1 und 2 »streifen« mit den Kontrapartnern (Herr 1 mit Dame 2, Herr 2 mit Dame 1)

Beginn und Ende auch dieses Teils ist stets die ursprüngliche Reihenaufstellung.

Teil B

5+6	Herren 3 und 1 sowie Damen 2 und 4 (wenden sich zu gleichgeschlechtlichen Paaren und) mit gefassten inneren Händen 4 Schritte (vorwärts, weiter wendend) nach außen. Gleichzeitig dasselbe in der anderen Reihe
7+8	mit 4 Schritten rückwärts bewegen die Reihen sich wieder zueinander

---

12 Das heißt eigene linke Schulter an linker Schulter des Gegenübers vorbei. Mein Gegenüber ist bei der Begegnung links von mir, ich schaue allerdings beim Losgehen auf die Lücke rechts neben ihm.

9-12 mit 8 Schritten Kreisbewegung (im Uhrzeigersinn) jeder Viererreihe, die dazu jeweils nach außen die Fassung schließt, bis zu den Ausgangsplätzen zurück

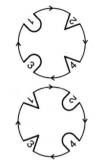

Wdhlg. (5-12)
5+6 mit 4 Schritten als neu zu bildende vertikale Reihen vorwärts auseinander (Paar 3 links außen, Paar 1 links in der Mitte; Paar 4 rechts außen, Paar 2 rechts in der Mitte)

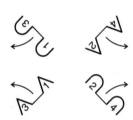

7+8 mit 4 Schritten rückwärts nähern die Reihen sich wieder

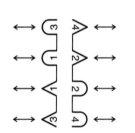

9-12 mit 8 Schritten Kreis nach außen schließen und über die Kreisbahn im Uhrzeigersinn zu den Ausgangsplätzen zurück.

3. Durchgang

Takt	Bewegung

Teil A

Armen:
1+2 mit 4 Schritten einander umkreisen (Paare legen ihre rechten Handgelenke aneinander und gehen im Uhrzeigersinn einmal herum)

3+4	mit 2 Schritten Schluss-Schritt, mit 2 weiteren kleinen Schritten rückwärts in die (ungefasste) Ausgangsposition zurück
Wdhlg.	Takte 1-4 wiederholen, aber nun »armen« links, d. h. linke Handgelenke aneinander und gegen Uhrzeigersinn. Auch »armen« die Paare 1 und 2 mit den Kontra-Partnern (Herr 1 mit Dame 2 usw.), Paare 3 und 4 mit den Partnern

Teil B

1+2	Querreihen bilden wie im 1. Durchgang von Teil B
7+8	Außenpaare bilden Tore und gehen 4 Schritte einwärts, gleichzeitig gehen die Innenpaare mit gefassten Innenhänden 4 Schritte unter den Toren hindurch auswärts (siehe Skizze)
9+10	Paarkreis im Uhrzeigersinn mit dem Kontrapartner
11+12	Paarkreis gegen Uhrzeigersinn mit dem Kontrapartner

Wdhlg. (5-12)

5+6	mit 4 Schritten rückwärts gehen 1. und 2. Paar heraus, während 3. und 4. Paar (noch mit dem jeweiligen Kontrapartner) zur Mitte kommen (siehe Skizze)
7+8	Paare 3 und 4 lassen den Kontrapartner los und ziehen mit dem eigenen Partner mit 4 Schritten unter den Toren von Paar 1 und 2 auswärts. Gleichzeitig ziehen die Paare 1 und 2 einwärts
9+10	Paarkreis im Uhrzeigersinn mit dem Partner
11+12	Paarkreis gegen Uhrzeigersinn mit dem Partner

Liturgischer Ort: Abendmahl

In bewegungsfreudigen Gruppengottesdiensten kann so oder ähnlich auch *vor der Kommunion* getanzt werden: das »Kommt und seht« des Liedtanzes bildet dann quasi das Präludium zum »Sehet und schmecket…« des Abendmahles, bzw. zeigt den Tanz derer, die zum »Hochzeitsmahl des Lammes« geladen sind.

Zur Symbolik

Die Choreographie dieses altenglischen Tanzes lebt vom Wechselspiel der beiden Reihen, die abwechselnd eine vertikale und horizontale Gasse bilden und dazu beständig über die *Kreuz*form wandern: Das Wort vom Kreuz setzt in Bewegung, verändert die, die es hören und weitertragen. Das Wort vom Kreuz ist eine Weisheit in Bewegung, sie kann und will nicht vom reinen Philosophieren begriffen werden. Das flüssige, schwungvolle Schreiten verdeutlicht: Nicht dass wir diese Bewegung ergreifen – sie ergreift uns!

Auch können Bezüge zwischen der »8« als Zahl der Tanzenden pro Gruppe und der »8« als Christuszahl hergestellt werden:
- David der Urahn Jesu war der 8. Sohn.
- Die 8 folgt der alttestamentlichen Vollzahl 7 wie der Sonntag als Auferstehungstag Christi dem Sabbat und wird so zur neutestamentlichen Symbolzahl. (Der 1. Tag kehrt als 8. wieder wie der 1. Ton der Tonleiter in der Oktave: Den Pythagoras lesenden Kirchenvätern muss dies wie ein Gottesbeweis in der pythagoräischen Musiklehre erschienen sein.)
- Die 4 steht für die Welt (mit ihren 4 Himmelsrichtungen), den Menschen, die alte Schöpfung. Christus ist der neue Adam, Beginn der neuen Schöpfung, welche die alte im doppelten Wortsinn »aufhebt«: Wenn das Alte im Neuen aufgehoben wird, steht die 8 (2 × 4) Pate, wie an vielen achteckigen Taufbecken abzulesen ist: Das Alte ist vergangen – siehe ich mache alles neu.

Wir reisen nach Jerusalem

Text und Melodie: mdl. überl.

Zur deutlichsten Konstruktion von Gegen-Wirklichkeiten, welche die Alltagserfahrungen positiv übersteigen, gehört die *Umkehrung* eines Spielprozesses, wie er im Folgenden beschrieben werden soll. Vorerst soll jedoch schon das Originalspiel in einer religionspädagogischen Idealgestalt ausgelotet werden:

Traditionelles Kinderspiel

In der Regel wird die »Reise nach Jerusalem« zu einer *beliebigen* Musik (vom Tonträger oder einem nicht mitspielenden Externen ausgeführt) gespielt: Die Kinder sitzen Rücken an Rücken in zwei Stuhlreihen oder einer (Vorder- und Rückseiten abwechselnd) verschachtelten. Da ein Stuhl zu wenig aufgestellt ist, muss ein Kind stehen, bzw. es stehen alle um die nicht ausreichende Anzahl von Stühlen.

Mit Einsetzen der Musik gehen die Kinder um die Stühle, mit Aussetzen der Musik sucht jedes Kind sich schnellstmöglich einen Platz, um nicht als zuletzt übrig bleibendes ausscheiden zu müssen.

Von Runde zu Runde wird nun ein Stuhl mehr fortgenommen und die Zahl der im Spiel bleibenden Kinder verringert sich entsprechend, bis nur noch zwei um den letzten Stuhl kämpfen.

Deutungsmöglichkeiten

Mögliche Spielinterpretationen und dementsprechende religionspädagogische Einbindungen in thematische Kontexte reichen schon in dieser Gestalt vom Kampf rivalisierender Einzelner oder Gruppen um das Königtum Israel über die Frage der Jünger nach jenem, welchem der beste Platz gebührt, bis zur titelbezogenen bitteren Erkenntnis, dass hier womöglich die kindliche Nachgestaltung der Kreuzzüge stattfindet: Viele ziehen los, machen sich auf die »Reise nach Jerusalem«(!), aber nur wenige kommen an. Für die meisten ist das »Spiel« vorzeitig aus, kennzeichnet der Abbruch der Musik das Ausscheiden aus allen Beziehungen (und seien sie auch nur durch Konkurrenz definiert) und somit nach alttestamentlichem Verständnis den Tod.

Korrespondierendes Lied

Wenig bekannt ist das – zum Teil auch mit einer anderen Spielbeschreibung[13] überlieferte – oben mitgeteilte Lied, welches das eben beschriebene Spiel begleiten und theologisch qualifizieren kann. Darüber hinaus sind die singenden Kinder nicht mehr von der sonst üblichen Begleitmusik abhängig.

Allein die Tatsache, dass überhaupt ein Lied benutzt wird, erlaubt nun folgende Varianten:
- Ein Kind beginnt zu singen, die anderen stimmen ein, singen aber so leise, dass sie das Aussetzen des führenden Kindes vernehmen.
Stellt man einen besonderen Stuhl in die Reihe, so kann von Runde zu Runde jeweils das Kind singend führen und die Unterbrechung vorgeben, welches zuletzt auf diesem Stuhl saß.
- Ebenso besteht die Möglichkeit, die ausscheidenden Kinder weiterhin aktiv einzubeziehen, indem z. B. sie das Singen unter einem »Dirigenten« übernehmen, der den jeweiligen Einschnitt durch Klatschen oder besser Abwinken anzeigt.

Dass gerade dieses Lied benutzt wird, lässt darüber hinaus weitere, liedtextbezogene Betrachtungen und spielerische Einbindungen zu:

Anstelle der (nun ja eher verstärkten) Kreuzzugs-Assoziationen ist z. B. eine Einbindung in das Nachspielen der Weihnachtsgeschichte denkbar. Die Hirten auf dem Feld zählen ab, wer nach Betlehem mitgehen darf und wer bei den Schafen bleibt. Was wir

---

13 Siehe dazu: Siegfried Macht, Kinder tanzen ihre Lieder. Religiöse Sing- und Tanzspiele, Paderborn 2. Auflage 1993, 168 ff.

erst zum Schluss verraten: Wer übrig bleibt ist nur insofern Sieger, als er wohl der Stärkste ist. Er ist auch allein der geeignete Beschützer der Herde ... Die anderen aber dürfen losziehen und das Kind suchen gehen. (Analog ließe sich im »Morgenland« entscheiden, welche drei »Sterndeuter« oder »Könige« sich auf den Weg machen ...)

An dieser Stelle lohnt sich ein Blick auf die verblüffende Logik des Liedtextes (bzw. auf eine zumindest mögliche Deutung desselben): »Wir reisen nach Jerusalem« – aber besagte Großstadt ist die Reise eigentlich gar nicht wert, so ist es eben durchaus fraglich, wer mit will. Dass aber in der Nähe der großen Stadt eine viel kleinere liegt, welche als Jesu Geburtsort bekannt ist, das erst macht sie als Ziel attraktiv. Im Licht der Weihnachtsbotschaft qualifiziert das scheinbar Unbedeutende die Weltgröße ... So ist auch jetzt erst einsichtig, warum die Angesungenen eigentlich gar keine andere Wahl mehr haben und mitgehen müssen. (Vgl. dazu die entsprechende Wertung in Mi 5,1 bzw. Mt 2,6.)

Die Umkehrung

Jerusalem, die realpolitisch umstrittene Stadt, Heimat und Zankapfel dreier Weltreligionen ist auch Urbild des neuen Himmels und der neuen Erde, Urbild der Wohnung Gottes unter den Menschen. Im Blick auf dieses »himmlische Jerusalem« als des *ausstehend Anstehenden* scheint eine das mitgeteilte Spiel auf den Kopf stellende Umkehrung zur »Reise nach Neu-Jerusalem« angebracht:

In der Raummitte stehen vier Stühle und drei Kinder – alle restlichen sitzen noch in einem großen, weiten Außenkreis.

Mit einsetzendem Lied beginnen die Kinder die Stühle zu umkreisen, für die Ausführung der Unterbrechung gelten analog die oben vorgestellten Varianten. Die drei Kinder setzen sich und dürfen die Plätze, einmal eingenommen, nicht mehr tauschen: Wer rechts neben sich den freien Platz hat, darf sich jemanden aus dem Außenkreis hinzu wünschen. Bevor das Lied neu einsetzt, wird ein Stuhl hinzu gestellt usw., bis nur noch drei Kinder im Außenkreis sitzen, die als nächste anfangen, d. h. eine neue Spielrunde mit vier Stühlen eröffnen dürfen.

Auch hier ließe sich (bei der Erstbegegnung mit dem Spiel als Pointe, in den Wiederholungen als fest etabliertes und zum Spiel dazugehöriges Ritual) im Blick auf die zuletzt übrig bleibenden Kinder das »Ver-rückte« des Spiels evtl. explizit formulieren:

Das sind die drei Gewinner,
die nächstes Mal beginnen,
verkehrt sich so der Sinn,
sind alle wie von Sinnen.

In Gottes neuer Stadt,
da finden alle Platz,
was wir verloren dachten,
nennt er den größten Schatz.

Weitere mögliche biblische Anbindungen liegen somit auf der Hand, wobei in erster Linie an die (A-)Logik der neuen Gerechtigkeit z. B. im Gleichnis von den Arbeitern im Weinberg zu denken ist (Mt 20,1-16), sowie an die Gleichnisse vom verlorenen Schaf (Mt 18,10-14 und Lk 15,3-7), Groschen (Lk 15,8-10) und Sohn (Lk 15,11-32).

Im Zuge zunehmender, auch spielerischer kirchenpädagogischer Erkundungen des Sakralraumes empfiehlt sich die neue Variante insbesondere auch als Spiel im Mittelgang einer flexibel bestuhlbaren Kirche: Über die vier im Eingangsbereich aufgestellten Stühle wächst die Kette der *auf dem Weg Platz nehmenden Kinder* langsam von Runde zu Runde dem Altarraum entgegen – Kirche als Abbild und Vorausgriff auf das »himmlische Jerusalem« wird im Prozess des Wegspieles ebenso als »Weg-Gemeinschaft« erfahrbar.

Die jeweils noch nicht mitspielenden Kinder warten im Eingangsbereich, gegebenenfalls rund um den dort postierten Taufstein. Die übrig bleibenden drei Kinder dürfen an allen anderen vorbei zum Altar gehen und dort die Kerzen anzünden. Gibt es in der Kirche einen evtl. großen kreisförmigen oder quadratischen Leuchter, welcher das himmlische Jerusalem abbildet (und der nicht unerreichbar unter der Decke hängt), so dürfen die drei dessen Lichter mit dem Altarlicht anstecken. Sobald alle Lichter brennen, stellen alle Kinder sich im Kreis um das »himmlische Jerusalem« und singen ein letztes Mal gemeinsam das Lied.

*Die Tür steht offen –
mehr noch das Herz*

Gottesdienst

Porta patet

Text: Wahlspruch der Zisterzienser
Musik: Siegfried Macht

Kanon für 5 Stimmen a capella und Ostinato

Das "Amen" der Gemeinde kann alternativ auch auf zwei Takte zusammengezogen und als Mini-Kanon ausgeführt werden:

Einzug in der Weihnachtszeit (Gottesdienstlicher Chor-Introitus)

An den ersten zwei bis drei Bankreihen kleben Zettel: »Bitte freihalten!«

Nach dem Glockenläuten spricht der Chorführer aus dem Eingangsbereich »*Porta patet, cor magis*« und der Chor ebenfalls im Eingangsbereich antwortet (die Übersetzung sprechend): »*Die Tür steht offen, mehr noch das Herz.*« Evtl. sitzen weitere Chormitglieder relativ weit vorn außen, um im Folgenden das »*Amen*« aus der Gemeinde mitzutragen und diese so zum Mitsingen zu bewegen.

Es folgt der Einzug zum Gesang. Den ersten Durchgang singt und schreitet (durch den Mittelgang auf den Altar zu) der Chorführer allein, der Chor übernimmt (noch stehend) das Amen.

Dann folgen nach und nach die Chormitglieder mit Melodie und Bewegung in fünf Gruppen: Die erste (evtl. kleinere) Gruppe beginnt im zweiten Durchgang gleichzeitig mit dem Chorführer, die zweite Gruppe im nächsten Durchgang mit dem zweiten Kanoneinsatz usw.

Schrittfolge im Tempo der punktierten Halben (2 Schritte pro Takt):

Zeit	Bewegung
1 - 4	rechts beginnend einsgesamt 4 Gehschritte vorwärts
5 - 10	Schritt nach rechts seitwärts und abwechseld Gewicht auf rechts und links verlagern

von vorn beginnen

Der Chorführer bleibt in Höhe der ersten Bankreihe weitersingend stehen und schwingt ruhig auf der Stelle. Sobald die Chormitglieder in der Reihe aufgerückt sind und einander paarweise je einer Bank zugeordnet gegenüber stehen, heben alle die Arme zur Orante-Haltung und lassen den Kanon auslaufen, mit dem Verklingen des letzten Tones werden die Arme gesenkt.

Der Chor dreht sich zur Gemeinde und spricht (evtl. Chorführer allein):

»*Heute schließt er wieder auf die Tür*
zum schönen Paradeis,
der Cherub steht nicht mehr dafür...
(Wendung des Chores der bisherigen Drehrichtung folgend zum Altar, die Hände wieder zur Orante hebend, evtl. folgt die Gemeinde der Geste zumindest aufstehend)
... Gott sei Lob, Ehr und Preis.«[14]

Nach dem Senken der Arme und Wendung zur Gemeinde spricht der Chorführer:

»*Gottes Tür steht wieder offen, er selbst hat sie geöffnet.*«

---

14 Vgl. den Choral »Lobt Gott, ihr Christen allegleich«, 6. Strophe von Nikolaus Herrman 1560, EG Nr. 27 bzw. Gotteslob Nr. 134.

Einander gegenüber bzw. jetzt nebeneinander stehende Chormitglieder legen die erhobenen Innenhände über dem Mittelgang zu Torbögen ineinander. Das Gegenüber des Chorführers entfernt die »Verbotsschilder« an den ersten Bankreihen.

Chorführer:
»Lassen Sie uns der Einladung Gottes folgen. Rücken Sie alle einige Reihen vor, kommen Sie wie durch Gottes geöffnete Tür.«

Während die Gemeinde in Bewegung gerät, spielt die Orgel einige Strophen bzw. eine Choralbearbeitung von »Lobt Gott ihr Christen alle gleich«.

Sobald die Gemeinde wieder Platz genommen hat, setzt sich auch der Chor (in verbleibende Lücken oder zieht – je nach späterer Funktion – in den Altarraum) und alle singen gemeinsam den Choral mit Orgelbegleitung.

Der Herr wird zum Diener

Text und Musik: Siegfried Macht

Zeichenhafter Schreit-Tanz

Prozession vom Taufbecken bzw. Eingangsbereich der Kirche zum Altar, in der Reihe ungefasst hintereinander, Schrittmaß ist die punktierte Halbe.

Schritt	Bewegung
1	rechts vor
2	auf links zurückwiegen
3	mit rechts vor links kreuzend Tipp (Spitze unbelastet aufsetzen)
4	mit rechts nach rechts seitwärts Tipp
5 - 8	vier Gehschritte vorwärts: rechts, links, rechts, links

Zum Liedtext

Der chiastische Stabreim der ersten beiden Zeilen bringt Form und Inhalt zur Deckung: So wie die betonten Anlaute »H« und »D« (in »Herr« und »Diener«, »Dunkelheit« und »hell«) ihren Platz über

Kreuz tauschen, tauscht auch der menschgewordene Gott seinen Platz, nimmt die Niedrigkeit an, um den Niedrigen zu erhöhen. Das damit bereits angesprochene Kreuzzeichen wird zum Hinweis auf die Zwangsläufigkeit der Linie, die von der Weihnacht über Epiphanias und Karfreitag zu Ostern führt.

Er, der Quell ewigen Lebens, fließt dem Dürstenden entgegen – die widernatürlich anmutende Paradoxie des Bildes unterstreicht die Rechtfertigung des Sünders ohne eigenen Verdienst »allein aus Gnade«.

Mit dem Quell ist gleichzeitig der liturgische Ort angegeben: Die Rechtfertigung des Sünders durch den Menschgewordenen, Gekreuzigten und Auferstandenen ist Grundlage der ihm zugesprochenen Annahme in der Taufe.

Dem folgt auch die Symbolik in der Zeichensprache des korrespondierenden Schreit-Tanzes:

Zur Symbolik

Die Schritte 1 bis 4 malen das Zeichen des Kreuzes, wobei deutlich die beiden das Kreuz konstituierenden Geraden erst von oben nach unten, dann von links nach rechts ausgeführt werden.

Die Senkrechte, oben beginnend, folgt dem Gedanken der Menschwerdung Gottes im Sinne der Rechtfertigung: Weil der Himmel zur Erde gekommen ist, muss die Erde nicht den Himmel stürmen, was dem Turmbau zu Babel gleichkäme (vgl. Gen 1,11ff).

Die Waagerechte führt (vom Ausführenden aus gesehen) von links nach rechts, d.h. (angesichts der Vorstellung eines Blicks auf eine Landkarte) von Westen nach Osten, von der Finsternis zum Licht, vom Untergang zum Aufgang der »Sonne der Gerechtigkeit (Christus)«.

Nachdem im dergestalt qualifizierten Kreuzzeichen der »Beweg-Grund« deutlich umrissen ist, bringen die Schritte 4 bis 8 den Weg der Nachfolge als Antwort auf das vorausgegangene Tun Gottes.

LOB UND DANK / GEBET

Doppelt betet, wer singt

Text: Siegfried Macht nach Augustinus
Musik: Siegfried Macht

Getanzt wird Kalamatianos wie zum Lied »Ach Baum, ach guter Baum« (siehe dort) beschrieben.

Dem Kanon entsprechend können auch zwei Reihen nacheinander versetzt mit Gesang und Tanz beginnen und sich auf unterschiedlichsten Raumwegen begegnen, ineinander verwickeln, wieder trennen…

Friede sei mit euch

Text: Friedensgruß Jesu (z. B. Joh 20,19)
Musik: Siegfried Macht

Kanon für 4 Stimmen

Friedensgruß

Zum Grüßen der Nachbarinnen und Nachbarn in fest bestuhlten Kirchen bietet sich die Ausführung des kleinen Singspruches als Kanon an: Jede und jeder beginnt an beliebiger Stelle, wir singen uns den Friedensgruß Jesu vielstimmig zu, variieren vielleicht den Text in »… Friede sei mit *dir*«, während sich für die im Folgenden beschriebene festliche Form das Beibehalten des Plurals anbietet: Eine einziehende Gruppe grüßt die anderen.

Feierlicher Schreittanz: Pavane

Zum Beispiel zum Friedensgruß in einem Festgottesdienst Einzug des Chors oder einer anderen Vorbereitungsgruppe. In kleineren Gruppengottesdiensten mit Tanzerfahrenen auch die unten beschriebene Hecke als gestalteter Friedensgruß aller im Altarraum.

Aufzug wie bei einer Polonaise paarweise hintereinander, Innenhände gefasst (vgl. S. 47 ff).

Schrittmaß = halbe Note. Auftakt abwarten.

Takt	Bewegung
1 + 2	Simple: links vor, rechts ran (= 1. Simple) rechts vor, links ran (= 2. Simple)
3 + 4	Double: links vor, rechts vor, links vor, rechts ran.
5 ff	Takt 1 bis 4 beständig wiederholen.

Stilistik: ruhiges, stolzes Schreiten;
den Ran-Schritt vorbereitend auf dem anderen Fuß (während des
»Ranschlurfens«) heben und mit dem Ran-Akzent absetzen.

Mögliche Variationen: z. B. »Hecke«
Paare zum Kreis führen und Kreis schließen. Mit dem Ende des
Formteils (Takt 8 nach zweitem Mal Double) Wendung zum Partner: Männer (weil links im Paar stehend) bilden nun den Innenkreis, Frauen den Außenkreis.

- Mit 1. Simple links seitwärts (neuen Partner begrüßen).
- Mit 2. Simple rechts seitwärts (von altem Partner verabschieden).
- Mit Double linksschultrig am neuen Partner (schräg gegenüber) vorbei dessen Platz einnehmen; mit letzten beiden Schritten halbe Drehung, so dass Front wieder zum Partner zeigt, dieses Gegenüber ist nicht der neue Partner, sondern ein weiterer. (Männer stehen jetzt außen, Frauen innen)

Wiederholung gegengleich, also
- Mit 1. Simple recht seitwärts
- Mit 2. Simple links seitwärts
- Mit Double linksschultrig am neuen (schräg rechts stehenden und mit 1. Simple soeben begrüßten) Gegenüber vorbei auf dessen Platz: Männer stehen nun wieder innen, Frauen außen.

Je nach Absprache »Hecke« entweder fortsetzen oder wieder in den Grundschritt übergehen und polonaiseartig weiter voranschreiten.

Zur Symbolik

In der Figur der Hecke begrüßen wir ständig neue Gegenüber. Dabei wird uns jemand zugespielt, mit dem wir nicht gerechnet haben: Wir grüßen mit dem 1. Simple links einen neuen Partner, mit dem 2. rechts den alten, nach dem diagonalen Platzwechsel mit dem neuen Partner steht uns aber nicht dieser, sondern ein ganz anderes, ein drittes Gesicht gegenüber.

Wer mag, kann Parallelen zum Gleichnis vom barmherzigen Samariter ziehen, das Jesus als Antwort erzählt hat auf die Frage: »Wer ist mein Nächster?« Gleichnis und Tanz zeigen nicht den erwarteten Ersten oder Zweiten, sondern den fremden Dritten als den Nächsten, den ich mir nicht selbst aussuche, sondern der mir »zugespielt« wird – sei es als Helfer oder Hilfsbedürftiger.

Gottlob, dass ich auf Erden bin
im Quodlibet mit »Danket, danket dem Herrn«

Singspruchtext: Novalis
Musik und Tanz: Siegfried Macht
Kanontext: nach Psalm 106,1
Kanonmelodie: 18. Jahrhundert

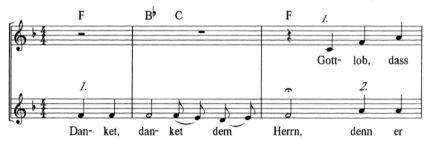

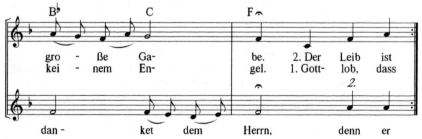

A Einzug

Im Gottesdienst, beim offenen Singen oder zu ähnlichem Anlass kann die Gemeinde den Kanon »Danket, danket dem Herrn übernehmen«. Solist, Chor, Tanz- oder Jugendgruppe ziehen mit »Gottlob, dass ich auf Erden bin« im Quodlibet hinzutretend durch den Mittelgang ein.

Gegangen wird im Tempo der Halben, Beginn mit links auf »(Gott)*lob*« oder mit rechts auf »*ich*«.

Sobald die Gruppe im Altarraum angekommen ist, schließt die Reihe der hintereinander Einziehenden zum (evtl. offenen) Kreis um den Altar und beginnt zum nächsten Einsatz mit

B Kreistanz

Spätestens jetzt die Hände beider Nachbarinnen bzw. Nachbarn locker herabhängend fassen, Blick zur Kreismitte (auf den Altar).

Die folgende Schrittfolge wird beständig wiederholt und setzt ein auf »(Gott-)*lob*«:

Takt	Zeit	Bewegung
0	3	linken Fuß nach links setzen
	+	rechten Fuß nachstellen
	4	linken Fuß nach links setzen
1	1	rechten Fuß vorm linken gekreuzt aufsetzen (linken dabei leicht heben)
	2	linken Fuß wieder absetzen
1, 3 bis 2, 2		bisherige Bewegungen zur anderen Seite gegengleich wiederholen
2	3	links seitwärts
	4	rechts vor links gekreuzt aufsetzen
		Mit 2 Schritten Dreivierteldrehung um rechts:
3	1	links
	2	rechts

		4 Schritte vorwärts über die Kreisbahn:
	3	links
	4	rechts
4	1	links
	2	rechts

Von vorn wiederholen, mit dem ersten Schritt Vierteldrehung um rechts, Front zeigt wieder zur Mitte.

Soll (auch) »Gottlob, dass ich auf Erden bin« im Kanon gesungen (und getanzt) werden, so geht eine erste Gruppe gegen den Uhrzeiger und mit dem Rücken zur Mitte über die Kreisbahn; die folgende Gruppe zieht mit dem Uhrzeiger und mit Blick zur Mitte – so schauen beide Gruppen sich an und ziehen mit gleicher Schrittfolge in Gegenrichtung.

Diese Kanonverschränkung zweier konzentrischer Kreise empfiehlt sich vor allem bei kleineren Zielgruppengottesdiensten, wenn Ausführende und Gemeinde identisch sind. Ansonsten kann der Bewegungschor auch in zwei Reihen aufgeteilt je eine Hälfte des Kirchenschiffes umkreisen.

Für den Kreistanz empfiehlt sich eine hinzutretende tänzerische Instrumentalbegleitung, zumindest Gitarre (etwa wie folgt):

Agnus dei

Text: Liturgie
Musik: Siegfried Macht

Kreuzweg abschreiten

Von der sich dynamisch steigernden Einstimmigkeit über wechselnd vokale und/oder instrumentale (auch untereinander kombinierte und Chor oder Instrumentalgruppe einbeziehende) Mehrstimmigkeiten bis zum Rückfließen in die Einstimmigkeit der nacheinander auslaufenden Kanonstimmen kann der so beständig mehr oder weniger variiert wiederholte Kanon einen ganzen Kreuzweg begleiten.

Die zur Prozession bereiten Gemeindeglieder treten aus ihren Reihen in den Mittelgang, von wo aus sie (ungefasst) bis zur ersten Station geführt werden. Chor und/oder Gemeinde summen dazu einstimmig die Melodie. Es kann ein normaler kleinschrittiger Gehschritt (Vierteltempo) gewählt werden. Besser ist allerdings die Vorwegnahme der späteren Seitwärtsbewegung (s. u.), vorerst als Wechselschritt vorwärts mit folgendem Zurückwiegen (Tempo wie unten).

Auf dem eigentlichen Kreuzweg bildet die Reihe entlang der Wände zunehmend quasi einen Kreis mit Blick nach außen, die Bewegungsrichtung ergibt sich aus der Zählung der Kreuzwegstationen. Wir gehen hier von einer Bewegung mit der Sonne (d. h. im Uhrzeigersinn) aus, Zählzeit ist die Viertelnote, die Hände werden locker herabhängend gefasst:

Zählzeit	Bewegung
1	Seitstellschritt rechts nach rechts
2	links nachstellen
3	Seitstellschritt rechts nach rechts
4	links ohne Gewicht ran, bzw. Fuß in der Luft lassen, quasi Pause
5	links nach links stellen
6	rechts ohne Gewicht ran, bzw. Fuß in der Luft lassen, quasi Pause

Nach 6 Zeiten, d. h. eineinhalb Takten beginnt die Schrittfolge von vorn. Das Tempo »kurz-kurz-lang, lang« kennzeichnet die Bewegung als Wechselschritt seitwärts mit folgendem ruhigen Schritt in der Gegenrichtung. (Die lange Zeit entsteht – wie in der Schrittfolge bereits angedeutet –, indem zur vierten und sechsten Zählzeit der Fuß kaum noch nachgestellt wird und eher eine winzige Hebebewegung am Platz ausführt. Die Minimierung dieser Bewegung wird schließlich als Pause empfunden bzw. verlängert die vorangehende Schrittzeit.) Stilistisch steht der Schritt damit in der Tradition der Branle, bzw. des Faröer- oder Balladenschrittes, die ebenfalls einem raumgreifenden bzw. doppelten Seitwärtsschritt einen engen bzw. einfachen in der Gegenrichtung folgen lassen.

Das Neueinsetzen der Bewegung bereits nach eineinhalb Takten verschiebt die Schrittfolge gegen die Melodie und bildet somit bei aller inneren Eingängigkeit einen belebenden Kontrapunkt zum rhythmischen Gleichmaß der Sequenzmelodik: Mal fallen die ruhigen Schritte mit der halben Note der Melodie zusammen, mal durchschreiten sie die Viertel des Wechselschrittes. So erfährt der Kanon Komplementarität schon in der einstimmigen Ausführung. Wird der Kanon mehrstimmig aufgebaut, so kann eine Dreiteilung z. B. durch eine Verteilung auf Chor, schreitende und sitzende Gemeinde geschehen. Schreiten mehr oder weniger alle, so können auch drei Gruppen nacheinander mit Gesang und Kreuzweg beginnen. Die Einsätze liegen dann je nach Gruppengröße mehrere Durchläufe auseinander, der Kanon verharrt relativ lange in der Einstimmigkeit und baut sich erst nach und nach auf.

Abschließend wird die Gemeinde wieder über den Mittelweg in die Bankreihen zurück oder direkt in den Auszug geführt. Nach Verlassen der letzten Station kann die Fassung gelöst und wie eingangs weitergegangen werden.

Schließt sich der Auszug direkt an, so empfiehlt sich dazu die Auswahl eines verwandten Stückes durch den Organisten bzw. eine Improvisation in Art einer Chaconne bzw. Passacaglia über eine fallende Linie mit dem ganztaktigen Kopfmotiv »D-Cis …«.

Zur Eucharistie

Natürlich bietet sich das mehrfach und meditativ wiederholte Singen des Kanons darüber hinaus insbesondere zur Eucharistie an: Der Ruf zum Tisch des Herrn sollte dann allerdings mit keiner Form gestalteter Bewegung zusammenfallen. Zum einen bedarf der sich in Brot und Wein gebende Herr keiner weiteren Versinnlichung, zum anderen kann gerade hier im Verzicht auf Ausgestaltung das Wissen wach bleiben, dass jede/r ohne Vorleistung geladen ist. Nichts wäre schlimmer, als wenn jemand der Kommuni(kati)on mit Christus aus dem Wege gehen müsste, weil wir diesen Weg für ihn diesmal zu befremdlich ausgestaltet hätten.

Du Brot des Lebens

Text und Musik:
Siegfried Macht

Der Gesang bietet sich nicht nur, aber insbesondere zu Fronleichnam, im Kontext der Eucharistie an: Der da, wo zwei oder drei in seinem Namen versammelt sind, mitten unter ihnen anwesende Christus ist kein »exklusiv« zu »Habender«. Er ist der die Seinen in die Welt schickende Herr. Der die Emmausjünger Begleitende setzt sie nach und durch die Mahlgemeinschaft erneut in Bewegung, diesmal mit freudiger Botschaft und in andere Richtung als bisher. So wie ihnen ist die Wegbegleitung Christi allen zugesagt, die sich in Bewegung setzen lassen: Die Prozession mit der geweihten Hostie verbindet Anspruch und Zuspruch Gottes vor den Augen der Welt.

Nicht vergessen werden darf dabei die diakonische Komponente: Alten, kranken oder vereinsamt den Weg nicht mehr findenden Gemeindegliedern von dem »einen Brot« zu bringen, ist die »not-wendige« Entsprechung, die Verlängerung des Feiertages in den Alltag hinein. So wie jeder Sonntag ein kleines Osterfest darstellt, könnte der Fronleichnamszug fernab spektakulärer Medienberichte im alltäglichen Gang zum Nächsten seinen Fortgang finden.

Dies erinnernd bieten sich entsprechende Variationen des Liedtextes bzw. sogar der Ausbau zum mehrstrophigen Gesang an:
1. ... zum fremden andern ...
2. ... zum kranken Nachbarn ...
3. ... zum fernen Nächsten ...

Wer auf den Binnenreim »wandern – andern« nicht verzichten möchte, tauscht lediglich die Adjektive aus (fremden andern, kranken andern, fernen andern).

Gestalteter Auszug/Sendung

Pro Takt 3 Schritte in sehr ruhigem Tempo (Viertelnote = ca. 68 Metronomschläge) kurz-kurz-lang (Viertel, Viertel, Halbe):
- rechts vor, auf links zurückwiegen, rechts vor
- links vor, rechts zurückwiegen, links vor

So segne dich Gott

Text (nach einem irischen Reisesegen) und Musik: Siegfried Macht

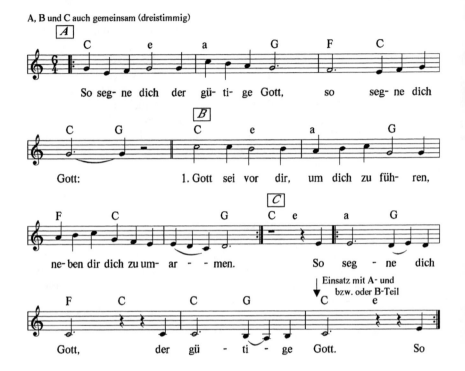

B-Teil:

2. ... Hinter dir, um dich zu bewahren,
unter dir, dich aufzufangen.

3. ... Gott sei in dir, um dich zu trösten;
über dich halte er schützend die Hand.

Die Teile A, B und C sollten erst je für sich erklingen und können dann in den verschiedenen Kombinationen untereinander zwei- und dreistimmig gesungen werden.
  Empfohlener Ablauf: A-Teil als Refrain im Wechsel mit dem strophigen B-Teil, anschließend A und B gemeinsam und abschließend C hinzu.

SENDUNG / SEGEN

Aufstellung im Kreis mit Blick zur Mitte, zu zweit durchgezählt, ungefasst.
Zeitmaß ist die punktierte Halbe (Dreiviertelnote).

A-Teil

Die Einser beginnen mit Gesang und Bewegung des A-Teils:
Die Hände werden hinter dem Rücken der Zweier hochgeführt, alle Einser legen ihre erhobenen Hände mit den Innenflächen über den Köpfen der Zweier aneinander und schwingen ruhig hin und her (auf der 1. Viertel jedes Taktes nach links, auf der 4. Viertel nach rechts).

1. B-Teil
Während die Zweier mit dem A-Teil beginnen, singen und tanzen die Einser den ersten B-Teil:
Mit 8 Schritten auf der Bahn eines Halbkreises (vor dem rechten Zweier vorbei) nach rechts auf den Platz des Übernächsten gehen, er ist der nächste Einser. Front und Blick dabei stets zur Mitte.
Die Einser gehen nun wieder in den A-Teil über, die Zweier folgen kanonisch in den 1. B-Teil.
Dann die Zweier wieder A (die Hände nun aber vor den Nachbarn hochführen) und die Einser den 2. B-Teil usw.

2. B-Teil
Wie 1. B-Teil, aber nur mit 8 Schritten hinter den linken Nachbarn zum Übernächsten...

3. B-Teil
2 Schritte gerade vorwärts zur Kreismitte,
2 Schritte zurück,
2 weitere Schritte rückwärts,
2 Schritte vor.
(Die Bewegung führt deutlich unter den zum Segen erhobenen Händen der Nachbarn hindurch, bzw. im anschließenden A-Teil werden die Gesegneten sogleich selbst zu Segnenden...)

Ablauf auf der CD:
- A als Cembalo-Intro mit Auftakt
- A (Streicher)
- B (Streicher)

- B (Streicher, tiefe Lage)
- A (Streicher, tiefe Lage) + C
- A (Streicher, hohe Lage) + C
- Ab jetzt (7. Durchlauf) diverse Kombinationen / Kanon

Wird die CD als Playback genutzt, so können die ersten 6 Durchläufe genutzt werden, um Text und Melodie des Liedes im Echoverfahren vorzustellen: AA, BB, CC.

Ab dem siebten Durchlauf kann der Liedtanz eines Kreises (s. o.) zum kanonisch verschachtelten A- und B-Teil einsetzen. Die Gemeinde tritt ad lib. von einer Singleitung geführt abschließend mit dem C-Teil hinzu.

Christus im Herzen eines jeden

Text: Patrick von Irland
Musik: Siegfried Macht

Kanon für 3-8 Stimmen

Die auslaufenden Stimmen des dreistimmigen Kanons verteilen sich auf die diversen Stimmen des achtstimmigen Kanons, den die letzten vier Takte abschließend in mindestens dreimaliger Wiederholung bilden.

»Christus mit mir…« kann auch für sich allein als Kanon stehen und/oder als bewegter Reisesegen zum Ausgang von der ganzen Gemeinde übernommen werden.

Dazu kann der Chor in einer kleinen gestalteten Bewegung (der nachfolgenden Gemeinde) vorangehen und so im Kanon versetzt auf verschiedenen Wegen zu den gegebenenfalls diversen Ausgängen des Raumes führen:

Im Zeitmaß der Halben (Note)
* Schritt rechts vor
* links ohne Gewicht (Tipp) auf gleiche Höhe stellen
* Schritt links vor
* rechts ohne Gewicht auf gleiche Höhe stellen

Quodlibet

Eine einfache, aber sehr schöne Erweiterung der Mehrstimmigkeit ergibt sich durch Quodlibetsingen mit dem Singspruch »Gott verspricht: Ich will dich segnen« (Evangelisches Gesangbuch, Lied Nr. 348). Der Singspruch beginnt und wird beständig wiederholt, von seinem zweiten Takt an tritt die oben mitgeteilte Melodie gleichzeitig hinzu.

Die Macht des Dunkels ist vorbei

Text und Musik:
Siegfried Macht

Was keiner selbst sich geben kann,
das nimm aus Gottes Händen an:
Nimm von dem Licht, das für dich brennt
und dessen Anfang niemand kennt.

Zum Tisch des Herrn tritt nur hervor,
den Ruf zu kommen halt im Ohr,
sieh ihn, das Licht, das für dich brennt,
in ihm man Gott den Vater nennt.

Schreiten mit Kerzen

Stummes Schreiten (mit noch nicht entzündeten Kerzen, Teelichten o. ä.) durch den dunklen Raum zum Altar, auf dem allein das Licht ist.

Am Altar werden die Kerzen angesteckt und mit den brennenden Leuchten zieht man, das Lied »Die Macht des Dunkels ist vorbei« singend, auf die Plätze.

Ist eine größere und/oder unvorbereitete Gruppe beteiligt, so kann ein Chor (mit dem um eine einfache Altstimme erweiterten Satz) oder ein Vorsänger auswendig singend voranschreiten und in den Seiten des Altarraumes o. ä. Platz nehmend das Lied wiederholt präsent halten, bis die anderen, die auf ihren Plätzen ein Liedblatt vorfinden sollten, abschließend miteinstimmen. Bei sehr großen Gruppen empfiehlt sich das Einbinden instrumentaler Zwischenspiele. Ebenso ist anzuraten, das Lied nicht insgesamt, sondern Strophe für Strophe zu wiederholen. Auch ist es möglich, die Gemeinde zeilenweise den Vorsänger wiederholen zu lassen, was eine Einsingphase entbehrlich macht und das Lernen im Vollzug ermöglicht. In diesem Fall bietet es sich an, eine weitere mit dem Ablauf vertraute Stimme den Gemeindepart anführen zu lassen, damit die Einsätze sicher greifen.

Außerhalb des Abendlobs bietet es sich generell (und auch vom Liedtext her!) an, kleine Gruppen nur mit Strophe 1 und 2 einziehen zu lassen und mit Strophe 3 dann später im weiteren Verlauf der Liturgie zum »Tisch des Herrn« (Abendmahl) zu ziehen. Eine Einbindung schon von Strophe 3 in den Einzug ergibt nur dann Sinn, wenn große Gruppen das Licht vom Altar holen und die schon Fortziehenden den Nachströmenden zusingen, bzw. wenn wir uns in einer durch das Lichtsymbol geprägten Kirchenjahreszeit befinden.

Zur Theologie des Abendlobs

Nach alttestamentlichem Verständnis ist der Abend der Beginn des neuen Tages. Das Schöpfungslied der Priesterschrift (Gen 1-2,4a) erhebt dies zum refrainartig wiederholten Credo angesichts der jüdischen Identitätskrise im babylonischen Exil: Von Anfang an ward aus Abend und Morgen der neue Tag, von Anfang an muss die Finsternis dem Licht Gottes weichen.

Was aber Babylon für Verkörperungen der Gottheiten selbst hält (Sonne, Mond und Sterne), das sind Israel nur »Lampen«, vom Schöpfer an das Firmament gehängt, den anderen Geschöpfen zu dienen. Geradezu revolutionär entmythologisierend und nicht ohne politische Brisanz stellt der Glaube Israels die Verhältnisse der Siegermacht Babylon auf den Kopf: Nicht der Mensch hat astralen Gottheiten, vielmehr haben diese dem Menschen (wie allen Organismen) zu dienen. So verweist schon das Alte Testament in einem theologisch interessanten Dreischritt über die Verkörperung des Lichtes hinaus auf dessen, dieser vorlaufende Präsenz als Abstraktum: Das Licht als erste Schöpfungstat Gottes (Gen 1,3) ist nicht an die erst später geschaffenen Himmelskörper (Gen 1,14) gebunden. Und noch einen Schritt weiter: Auch das Licht selbst ist Werk des Schöpfers, auf den es als sein erstes Werk wohl Verweischarakter hat, mit dem jedoch nichts gleichzusetzen ist, was das biblische Bilderverbot in zahlreichen Varianten nicht zu betonen müde wird.

So wie der christliche Sonntag als erster Tag der Woche den jüdischen Sabbat, den siebten Wochentag als Feiertag, im dialektischen Sinne »aufhebt« (also gleichermaßen löscht wie bewahrt) – was die Adventisten bis heute monieren und der Zeitgeist leider in eine Umwidmung der Zählung zum Montag als ersten Tag der Woche übertrieben hat –, so beginnt unser Zeitgefühl inzwischen den Tag mit dem Morgen. Im Sinne der »vorlaufenden Gnade Gottes« in Gestalt der den Morgen bestimmenden »Sonne der Gerechtigkeit« als Bild des auferstandenen Christus mag dies als neutestamentlicher Akzent eines neuen Zeitgefühls gelten. Dennoch bleibt dem Abend das Moment der Numinosität in besonderer Art und Weise: Er steht für die Ruhe nach getaner Arbeit, für den Moment der Stille und Besinnung, in dem aber auch Ungewissheit und Zweifel sich mit der Stimmung der hereinbrechenden Dunkelheit paaren. Der Abend ist die Zeit der Erinnerung an die Heilstaten Gottes: Das Licht auf dem Altar, die brennende Osterkerze bzw. das Ewige Licht – sie stehen für den seiner Schöpfung von Ewigkeit zu Ewigkeit beistehenden Gott, vom Beginn der Schöpfung bis zur Auferweckung dessen, der in Brot und Wein präsent ist und zur Rechten Gottes sitzend die Zukunft für uns bereithält.

Nach dem Einzug mit dem Licht folgt der Psalmgesang, für den sich die folgende Liedfassung von Psalm 141 anbietet:

Aufsteigen lass mein Gebet

Text (nach Psalm 141) und
Musik: Siegfried Macht

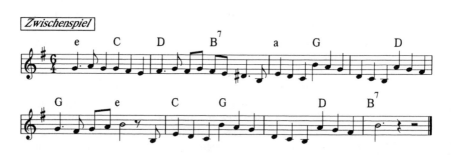

Gebetstanz auch in fest bestuhlten Reihen

Takt	Bewegung

Strophe
1 + 2   Arme langsam (!) in die Orantenhaltung (s. u.) erheben
3 + 4   Handinnenflächen nach außen drehen und erhoben in die des Nachbarn legen
5 + 6   Hände nach vorn strecken und langsam senken, dazu während Takt 5 zwei Schritte vortreten (in Bankreihen fast auf der Stelle) und in Takt 6 zwei Schritte zurück
7-12   wie Takt 1-6

Zwischenspiel
1   Wiegen nach rechts und links
2   Vierteldrehung nach rechts und Wechselschritt re-li-re (über die Kreisbahn bzw. in der Bankreihe nach rechts)
3+4   4 Gehschritte: li-re-li-re
5   Wechselschritt li-re-li, mit dem letzten Teilschritt halbe Drehung auf den Zehenspitzen um rechts(!)
6+7   4 Gehschritte (nun im Uhrzeigersinn bzw. nach links in der Bankreihe): re-li-re-li
8   Vierteldrehung um rechts (Blick nun wieder zur Mitte bzw. nach vorn) durch rückwiegen auf rechts, vorwiegen auf links

Während der gesamten Strophe leicht seitlich hin- und herwiegen. In der Regel stellt sich von ganz allein ein Richtungswechsel jeweils im Maß der punktierten Halben heraus, also pro Takt einmal leicht hin und her. Die Bewegung sollte leicht und locker nahezu von allein entstehen und auf keinen Fall mit der Heftigkeit eines Schunkelns initiiert werden. Andererseits darf die Angst vor solchen Assoziationen auch nicht alles Experimentieren mit leiblichem Ausdruck ausschließen: Immerhin hielt man die Jünger zu Pfingsten auch für betrunken und doch war es der Geist Gottes, der sie bewegte!

Die Zweiteiligkeit von Strophen-Melodie und Text erlaubt die Wiederholung der Bewegung bereits nach der halben Strophe, was die Praktikabilität auch in einfachsten Verhältnissen erhöht: Die Bewegung bleibt überschaubar, die Orantenhaltung als dem Liedtext korrespondierende Gebärde steht im Mittelpunkt und wird nicht von hinzutretenden tänzerischen Stilisierungen zugeschüttet.

Die zum Zwischenspiel mitgeteilte Bewegung sollte auf die Verteilung im Raum abgestimmt werden. Trennt z. B. ein Mittelgang linke und rechte Hälfte, so beginnt jede Raumhälfte das Schwingen und somit die folgende Bewegung zur Außenseite. Abschließend führt die Bewegung dann beide Gemeindehälften wieder zusammen. (Bei Ausführung ohne Instrumente bzw. CD entfällt das Zwischenspiel.)

Zur Symbolik

Psalm 141 ist der klassische Abendpsalm und gut geeignet, die Orantenhaltung, die V-förmig erhobenen Hände, als Gebetsgebärde der frühen Christen wachzuhalten. Die zu Gott erhobenen Hände sind eine (wie nicht nur Psalm 141 belegt) dem Alten Testament vielfach abzulauschende Haltung und erinnern auch an die Vielzahl sich zum Himmel streckender jüdischer Leuchter und an den jüdischen Lebensbaum.

Da sich leibliche Haltungen noch sehr viel langsamer vermitteln lassen als theologische Einsichten, mag manche(r!) mit der evtl. empfundenen Überschwänglichkeit dieser Gebärde seine Probleme haben. Dennoch sollte behutsam eine Rückgewinnung des biblischen Formenreichtums angestrebt werden. Hilfreich ist neben der Wahrnehmung des dergestalt betenden Psalmisten die Einbindung der Orantenhaltung in eine einfache Bewegungsgestaltung zum Lied wie oben vorgeschlagen. Hier kann im Schutz der Ästhetisierung spielerisch erprobt werden, wie weit uns solche Öffnung schon entspricht. Die Gestaltung kann in Gruppengottesdiensten oder vom Chor bzw. einer anderen Gruppe stellvertretend im Kreis um den Altar getanzt, ebenso aber auch von allen und selbst in fest bestuhlten Reihen durchgeführt werden.

Indes sind auch die kleinen weiteren Ausgestaltungen nicht ohne Zeichenhaftigkeit: Der Kontakt über die Hände findet genau an jener Textstelle statt, die ebenfalls die Nachbarinnen und Nachbarn in den Blick nimmt. Gerade angesichts des aufsteigenden Rauches erscheint mir diese assoziative Ergänzung von Psalm 141 wichtig: Hat nicht Kain seinen Bruder Abel erschlagen, weil er sein Opfer nicht angenommen fühlte (vgl. Gen 4,3-8)? Und auch Jesu Blick auf die zwei ungleichen Beter im Tempel (Lk 18,9-14) sensibilisiert für die anderen im Gebet. Im interreligiösen Dialog und auch angesichts des Booms meditativ-esoterischer Praktiken

braucht sich die jüdisch-christliche Tradition keinesfalls zu verstecken: Ihre Achtsamkeitsübung zum Beispiel ist die Fürbitte.
Die Schritte auf den Altar zu intensivieren die Ausrichtung auf Gott hin. Wir brauchen die sinnliche Verortung, aber wir wissen um ihre Unzulänglichkeit: Gott ist nicht nur oben (vgl. Handhaltung), Gott ist nicht nur vorn (vgl. die Schritte, die ja mit der Ausrichtung auf den Altar schon mehr meinen als ein bloßes Vortreten). Mit der Vielzahl unserer Zeichen entsprechen wir dem, der sich nicht festlegen lässt (vgl. das alttestamentliche Bilderverbot) und der in aller Offenbarung immer noch verhüllt bleibt: So folgen auf die zwei kleinen Vorwärtsschritte unmittelbar zwei Schritte zurück. Wir teilen die Ehrfurcht der Cherubim vor dem Herrn aller Herren.

Die zweite Hälfte bestätigt die Symbolik, indem sie im Sinne alttestamentlicher Poesie (parallelismus membrorum) vertiefend wiederholt: Dem aufsteigenden Gebet entspricht das Erheben der Hände und das Loblied erweist sich als eben das vor Gott gebrachte Opfer. Die dazwischen in der zweiten Hälfte nun nicht mehr explizit genannten anderen werden jetzt durch die Bewegung mitbedacht und der Liedtext verbindet sie mit dem Abenddank: Das ist ein Dank im Sinne des Gottes, der schon seine alttestamentlichen Propheten auf die Straße schickte, damit sie manche Perversion des Opferkultes geißelten und stattdessen forderten, die Nächstenliebe konkret werden zu lassen.

Texterweiterung

Wer über die oben unterlegten Zeilen hinaus Psalm 141 vollständiger in das Abendlob einbeziehen möchte, kann den Gesang zumindest wie folgt erweitern:
Gott, meinen Mund wollest du mir behüten,
meine Lippen bewahren,
sprich du in meiner Sache.
Neige mein Herz nicht zum Bösen hinab,
dass ich auch Mahnungen hören mag.
Schweigen soll alle Rache.
Wieder führt der Blick auf die korrespondierende Bewegung zu interessanten Deutungsmöglichkeiten: Die erhobenen Hände begleiten die Anrede Gottes. Das Bewahren der Lippen erinnert an das Gebot, »nicht falsch Zeugnis abzulegen gegen den Nächsten«, den wir dies singend gerade fassen. Anschließend gehen wir auf Gott zu mit der Bitte, dass er sich unserer Sache annimmt.

Dass wir nicht einfach pantomimisch darstellen, was wir singen, wird in Folgendem besonders deutlich: Wir heben die Hände in die Höhe, damit sich unser Herz nicht zum Bösen hinabneigt. Letzteres nachzuzeichnen wäre hier nicht nur ein Aus-der-Form-Fallen, sondern darüber hinaus eine falsch verstandene Genauigkeit, die den Geist der Buchstaben über den des Wortes stellen würde. Abschließend wenden wir uns der Mahnung des Bruders bzw. der Schwester zu – oder wendet er/sie sich zu uns? Und da wir um freundliche Mahnung gebeten haben (vgl. Psalm 141,5), legen er oder sie ihre Hand in die unsere und heben nicht nur den Zeigefinger oder sogar die geballte Faust, so dass wir uns gemeinsam dem Frieden nähern können, der höher ist als alle Vernunft, und auf Gott zugehen, bei dem alle Rache verstummen muss.

Licht und Frieden

Text: nach der Liturgie des Luzernariums
Musik: Siegfried Macht

Kanon für 4 Stimmen

Licht und Frieden uns bescheiden im Namen Jesu Christ.

Auszug mit Kerzen o. ä.

Das Singen kann direkt in den gestalteten Auszug übergehen. Die Kanongruppen ziehen auf verschiedenen Wegen nacheinander einsetzend zum Ausgang, wobei das Aufstehen und in Bewegung Kommen der einzelnen Kanongruppen nicht nach jeweils einem Takt geschehen sollte, sondern nach mindestens (!) einem zusätzlichen Durchgang der jeweils vorlaufenden Gruppe. So erhält nicht nur die musikalische Steigerung Raum, auch ein Stau beim Hinausgehen wird vermieden. Zudem ergibt sich mehr Ruhe für eine abschließende Zeichenhandlung. Falls die Lichte nicht mit nach Hause genommen werden (wofür eine theologische Sinndeutung ebenfalls auf der Hand liegt), könnten sie im Ausgangsbereich zu einem Kreuz auf dem Boden abgestellt werden.

Zur Musik

Falls nicht ohnehin unbegleitet gesungen wird, empfiehlt sich das Mitspielen der für Ungeübte anfangs nicht leicht zu intonierenden Melodik. Für den Kanon reichen bei der Erstbegegnung die Einsätze eins und zwei, die von zwei Melodieinstrumenten angemessener unterstützt werden als etwa durch eine harmonisierende Gitarrenbegleitung.

Eine die Intonation reflektierende Singleitung sollte vom Oktavrahmen ausgehen und den Auftakt anschließend als Anschwingen aus der großen Untersekunde vorstellen, was für den weiteren Melodiefluss hilfreicher ist als die Vorstellung, mit der Quinte eines als »es« gedachten Grundtones zu beginnen.

Insbesondere der Auftakt zum dritten Takt (das »g« als wirkliche Quinte) ist nun leichter zu erreichen, kann aber auch als Wiederholung der 1 des ersten Taktes erinnert werden. Vielfach ist es auch hilfreich, diesen Ton erst ganz fortzulassen und die 1 des dritten Taktes im einfachen Sekundgang »c-d-es« zu erreichen. Nun wird das »g« vorgesetzt, also als Auftakt zum »es« auch von diesem her in der Intonation gedacht: Beide Varianten sind leichter und im Sinne eines Notenleseflusses, der sich nicht von Intervall zu Intervall hangelt, sondern die jeweilige Spannung bzw. Stellung der Töne in der Skala berücksichtigt, auch angemessener für das Erlernen einer weitreichenderen Notenlese-Technik.

Zur Theologie

Bereits mit dem Gehalt von Segen und Sendung bringt »Licht und Frieden« als der traditionelle Gruß des Lucernarium auch in den musikalischen Bausteinen die christologische Komponente zur Geltung: Hier empfiehlt sich eine Ausführung als Kanon, um die Wegbegleitung Christi den vielen anschließend auseinanderlaufenden Wegen zuzusprechen und das Weiterklingen des einen Abendlobes von vielen Zungen auch über den Gottesdienst hinaus anzudeuten.

*Zu Ostern spielen
die Engel Trommel
und Christus tanzt
auf der Schlangenhaut*

Kirchenjahr

Jesuskind, wo bist du?

Text: Jean Anouilh
Musik und Tanzspiel: Siegfried Macht

»Maria, voller Sorgen, sie sucht dich überall,
draußen bei den Hirten, in jeder Eck im Stall.
Im Hof ruft Vater Josef und schaut ins Regenfass.
Sogar der Mohrenkönig, er wird vor Schrecken blass.
Und alles sucht und ruft dich: Wo bist du, Jesuskind?«
»Ich bin bei den Kranken, die matt und einsam sind!«

Die Weisen sind gegangen, sie sind schon klein und fern,
die Hirten auf dem Felde, sie sehn nicht mehr den Stern.
Die Nacht wird kalt und finster – erloschen ist das Licht.
Die armen Menschen seufzen: Nein, nein, das war er nicht!
Doch rufen sie noch immer: »Wo bist du, Jesuskind?«
»Ich bin bei den Menschen, die ohne Hoffnung sind!«

Statt der oben notierten Dreiklänge (Buchstabennotation über der Melodie) können auch lediglich deren Grundtöne auf einem Bassinstrument gespielt werden, dazu treten für die Kinder leichte Begleit-Bausteine auf Stabspielen (Metallophon!):

Szenischer Aufzug: In der Weihnachtsgeschichte »vorkommen«

Das kleine Weihnachts- bzw. Epiphanias-Spiel zeigt einen Liedtanz auf der Grenze zu Minimalformen szenischen Theaterspiels:

Ausgangsstellung der (vor-)spielenden Kinder ist ein Kreis mit Blick zur Mitte, die Hände beider Nachbarkinder sind locker herabhängend gefasst. Der Kreis ist in zwei noch zusammenstehende Halbkreise aufgeteilt (siehe Abbildung 1).

Von einer Aufführung am Ende der schulischen Weihnachtsfeier oder auch in einem Familiengottesdienst zu Epiphanias/Dreikönigsfest ausgehend, steht (von den Zuschauern aus gesehen) etwas links der Kreismitte evtl. eine leere Krippe, rechts davon stehen 4 Kerzen, die vor Beginn des Liedes angezündet werden.

In der (dem »Publikum« vorerst den Rücken zuwendenden) Kreishälfte A sehen wir (mehr oder weniger kostümiert) Ochs, Esel, Maria, Josef und die drei Könige aus dem Morgenland. Haben wir einen großen Kreis von Kindern unterzubringen, so folgt den Königen eine entsprechend große Karawane.

In der Kreishälfte B stehen etwa zu gleichen Teilen Hirten und Engel. Wer möchte, kann auch die Könige hier noch einmal auftauchen lassen (sie kommen nämlich analog zur wiederholten Nennung im Liedtext in den Aktionen beider Halbkreise vor), jetzt evtl. in der Deutung als »Weise«: So kann spielerisch schon früh ein Wissen um die Sichtweisen verschiedener Interpretationen und Überlieferungsstränge angebahnt werden.

Grundprinzip der Aufführung ist nun, dass

- sich während des Vor-, Zwischen- und Nachspiels jeweils eine der beiden Kreishälften vor die andere schiebt (siehe Abbildungen 2, 5-7 und 9-10);
- während der Strophen die jeweils besungenen Figuren mit 4 Schritten vor- und mit weiteren 4 Schritten wieder zurücktreten.

Diese Aufzugsform gewährleistet auch in einfachsten Ausstattungs-Verhältnissen und bereits mit kleinen Kindern ein relativ problemloses Spielen und gegebenenfalls eine Ausführung ohne Stress und zu großes Lampenfieber (womit die Gefahr einer – die Weihnachtsbotschaft konterkarierenden – Überforderung der Kinder durch allzu komplexe Weihnachtsspiele angedeutet sein soll):

- Es muss kein spezieller Tanzschritt geübt werden:
  Die Kinder ziehen einfach hinter zwei Gruppenleiterinnen (oder älteren Kindern) her, welche die beiden Halbkreise anführen (Pfeilspitzen in den Abbildungen). Dennoch wirkt alles sehr rund und tänzerisch, da immer Einzelne oder Teilgruppen in fließender Bewegung sind.
- Beim Vor- und Zurücktreten kann niemand seinen Einsatz verpassen, wenn die Kinder in der Reihenfolge ihres Einsatzes nebeneinander gestellt werden. So tritt eines nach dem andern seine 4 + 4 Schritte vor und zurück. Das ist auch deshalb die einfachste Merkhilfe, weil die Namensnennung im Lied nicht immer gleich am Anfang der Zeile geschieht. Jeder geht also mit Beginn seiner Zeile, so dass die eigenen Schritte beginnen, sobald Nachbar oder Nachbarin zurück sind.
- Je nach Alter der Kinder und zur Verfügung stehender Zeit kann gewählt werden zwischen dem eigenen Singen und/

oder Musizieren oder dem Tanzspiel zum Tonträger, zwischen kostümiertem und nicht kostümiertem Vortrag, zwischen der einfachen bisher skizzierten Form und dem Ausbau durch die eine oder andere der im Folgenden beschriebenen Variationen bzw. Konkretionen oder einer Mischform (z. B. Singen zum mitlaufenden Tonträger).

- Das Ganze wirkt auch ohne Bühne in der Turn- und Mehrzweckhalle der Schule bzw. im Altarraum der Kirche ohne technischen Aufwand: Den sich öffnenden und schließenden Vorhang (selbst in der Pause, d. h. während des Zwischenspiels) bilden die, den Kreis schließenden (und damit kurzzeitig den Zuschauern wieder den Rücken zuwendenden) Kinder selbst. Eine (minimale und erst abschließende, aber doch wesentliche) Veränderung in den Lichtverhältnissen geschieht auch ohne große Beleuchtungsanlagen schon allein durch die Einbeziehung von Kerzen (auf die im Folgenden noch weiter eingegangen wird).

Namensnennung und Strophenaktion ergeben sich aus dem Lied, so dass es sich für die Probenarbeit anbietet, nach gemeinsamem Singen und einer ersten Einblicknahme in die Bewegungsstruktur die Feinheiten gemeinsam mit den Kindern zu erarbeiten. Zumindest als Basis haben sich folgende Absprachen bewährt:

Takt	Bewegung
Strophe 1	
Takt 1+2	Alle gehen (während 4 gedachter Schritte) auf die Zehenspitzen und halten Ausschau nach dem Jesuskind. Anschließend (wieder 4 Zählzeiten = 1 Takt lang) auf die normale Standposition zurück.
Takt 3+4	Ochs und Esel gehen (evtl. auf allen Vieren) Richtung Krippe und zurück.
Takt 5+6	Maria und Josef gehen Hand in Hand vor und zurück.
Takt 7+8	Die drei Könige (und ihre Karawane) ziehen vor und zurück (evtl. schräg vor und mit der rechten Hand auf der linken Schulter des Vorgängers).
Takt 9+10	Der vordere Halbkreis kniet nieder.
Takt 10+11	Jedes Kind aus dem hinteren Halbkreis greift einem knienden Kind aus dem vorderen Halbkreis unter die Arme und hilft ihm beim Aufstehen.

Strophe 2

Takt 1+2	Maria geht 4 Schritte vor und zurück.
Takt 3+4	Maria wendet sich nach hinten, dort haben die »Hirten« mit erhobenen Armen ein Stalldach gebildet. Dort sucht Maria mit 4 Schritten im Stall und wieder mit 4 Schritten in ihren Halbkreis zurücktretend.
Takt 5+6	Josef mit 4 Schritten vor und zurück.
Takt 7+8	Der Mohrenkönig mit 4 Schritten vor und zurück (evtl. seine Schminke abwischend: so »blass« macht ihn der Schreck).
Takt 9-11	wie zur 1.Strophe beschrieben

Während des Zwischenspiels schließt der hintere Halbkreis den Kreis und zieht weiter vor den anderen (siehe Abbildungen 5-7).

Strophe 3

Takt 1+2	Die drei Weisen ziehen vor und zurück. (Haben wir sie nur als »Könige« im jetzt hinteren Halbkreis, so treten sie dazu zwischen den Lücken des jetzt vorderen Halbkreises hindurch und zurück).
Takt 3+4	Die Hirten ziehen vor und zurück.
Takt 5-7	Die Engel treten 4 Schritte vor und pusten nacheinander jeder eine der 4 Kerzen aus. (Sie haben pro Kerze zwei Zählzeiten Zeit, wir sprechen während der Probe als Merkvers also: »Pus-ten, pus-ten, pus-ten, pus-ten.«) Gibt es nur einen Engel, so bläst er alle vier Kerzen nacheinander aus, bei mehr als vier Engeln pusten sie in entsprechenden Gruppen zusammengefasst.
Takt 8	Die Engel treten mit je 4 Schritten gemeinsam zurück.
Takt 9-12	wie bei den anderen Strophen beschrieben (nur dass beide Gruppen jetzt getauscht haben, wer vorher kniete, steht jetzt hinten und hilft dem andern auf).

Abb. 1
Kreishälfte A (gestrichelt) wirkt auf die Zuschauer wie ein sich während des Vorspiels öffnender Vorhang.

Abb. 2
Mit kleinen, aber beständigen
Schritten hat Kreishälfte A
sich bis zu Ende des Vorspiels
vor die Kreishälfte B (durchgezogene Linie) geschoben.

Abb. 3
Aus dem zum Publikum
gewandten Halbkreis treten
die jeweils besungenen Akteure
vor und zurück. (Strophe 1 + 2)

Abb. 4
Bewährte Verteilung:

1 + 2	Ochs und Esel
3 + 4	Maria und Josef
5 – 10	Heilige Drei Könige (und Karawane)
11 – 14	vier Hirten (auch mehr oder weniger)
15 – 17	Drei Weise
18 – 21	vier Engel (auch mehr oder weniger)

Abb. 5
Im Zwischenspiel schließt
der hintere Halbkreis (B)
den Kreis …

Abb. 6
… und führt die Bewegung
so weiter, dass er …

Abb. 7
vor den anderen (Halbkreis A) zu stehen kommt.

Abb. 8
Zur dritten Strophe treten die Akteure aus dem jetzt vorne stehenden Halbkreis B vor und zurück.

Abb. 9
Während des Nachspiels zieht Halbkreis A von hinten nach vorn ...

Abb. 10
... und schließt damit den Kreis: Der »Vorhang« ist wieder geschlossen.

Wechselgesang
Insbesondere im Zusammenhang mit der Aufführung des Liedes als Tanzspiel kann der Gesang aufgeteilt werden:
- Die Takte 1-8 singen alle (spielenden Kinder).
- Die Takte 9+10 singt nur der sich hinkniende Halbkreis.
- Die Antwort der Takte 11+12 jeder Strophe kommt dann jeweils nur vom hinteren Halbkreis, der den Knienden beim Aufstehen hilft.

Zur Theologie

Jesus ist kein »blonder Knabe mit lockigem Haar«, der sich alljährlich einmal in die Krippe legen lässt, dessen Wesen und Wirken in solcher »Püppchen-Romantik« aufgeht: In diesem Sinne ist die Krippe leer. Leer, weil dieser Jesus sich ebenso wenig in der Krippe halten lässt, wie er sich im Tod halten ließ. Der gekreuzigte und auferstandene Christus ist gegenwärtig: »Was ihr getan habt einem meiner geringsten Brüder, das habt ihr mir getan« (Mt 25,40). So erklärt sich der Ruf der Niederknienden am Ende jeder Strophe, der seine Antwort findet im »Aufgehoben-Werden« durch die anderen, die in Jesu Namen handeln. Durch den Wechsel der Halbkreise erfährt jeder leibhaftig seine Zugehörigkeit zu den Hilfesuchenden wie auch zu den Helfenden: Die im Text besungenen »armen Menschen« sind daher bewusst nicht als Extrarollen eingefügt, sie sind durch den Rollenwechsel der Halbkreise quer zu Königen, Weisen und Hirten in der gemeinsamen Darstellung am Ende jeder Strophe aufgehoben.

Dem entspricht auch das »Vorkommen« der Kinder, das mehr umreißt als das vordergründige Vortreten Figur für Figur: Es geht um die Entdeckung, selbst in der Weihnachtsgeschichte vorzukommen, bzw. an deren Weiterschreibung beteiligt zu sein.

An solche und ähnliche Gedanken kann im Anschluss an die Aufführung eine kurze Besinnung anknüpfen, welche das Spiel weder doppelt noch eng führt, wohl aber um Sensibilisierung und Horizont-Eröffnung bemüht ist und in die in Liedtext und Spiel gelegten Verweise einzuführen vermag.

Einbettung in größeres Krippenspiel

Die Einbindung des vorgestellten Singspiels in einen größeren Zusammenhang legt sich aus verschiedensten Gründen nahe:
* Der Vortrag ist mit einer Zeitdauer von ca. 3 Minuten nicht nur keineswegs programmfüllend, sondern auch eine Überforderung der »Zuschauer«, für die es sich (im Gegensatz zu den wiederholt probenden Kindern) in der Regel um eine Erstbegegnung handeln wird.

Geht man davon aus, dass insbesondere die Verwandten und Bekannten der Akteure im Wesentlichen auf diese und nicht auf Text, Musik und Spiel als solches achten, empfiehlt sich eine keineswegs als Doppelung in Erscheinung tretende Verlangsamung bzw. Stufung der Begegnung. Zu denken ist an
– Lesen oder freier Vortrag des Liedtextes als Gedicht,
– Liedspiel wie soeben beschrieben,
– gemeinsames Singen des Liedes.

Dieser bewährte Dreischritt setzt das Singen des Liedes mit Publikum bzw. Gemeinde bewusst an das Ende, um zu profitieren von

- dem durch die vorher laufenden Schritte erlangten Bekanntheitsgrad: Das neue Lied ist nicht mehr ganz neu, es kann nahezu gleich mitvollzogen werden, bedarf also keiner längeren Einübungsphase mehr, was den Verlauf einer Feier stören könnte.
- der größeren Akzeptanz, die sich mit der Vertrautheit einstellt: Man weiß, worauf man sich einlässt.
- der höheren Motivation, ein Lied zu singen, das zum »Lied der vorspielenden Kinder« geworden ist; das man also auch aus einer Art Solidarität gerne mitsingt, selbst wenn man zu Weihnachten »nicht ständig neue Lieder lernen will«: Das abschließende Mitsingen »den Kindern zuliebe« wird zu einer Art von verlängertem Beifall.

- Das Hereinkommen der Kinder in den Raum und die Aufstellung im Kreis kann bereits spielerisch als Einzug[15] erfolgen.
- Zwischen Einzug und obigem Liedspiel können dann weitere eher traditionelle Krippenspiellieder, Szenen usw. eingebaut werden, um die jeweilige lokale Tradition aufzunehmen und den Kindern nicht von vornherein eine »leere« Krippe zu bieten. Die Überbetonung dieser, die Kleinsten ohnehin überfordernden Abstraktion wäre (trotz der Konkretion in den an Christi statt Helfenden) nur das andere Extrem des oben bemängelten Weihnachtsbewusstseins und könnte als Reduktion von Religion auf Ethik missverstanden werden – wobei angesichts des »Geschenkcharakters« des Weihnachtsgeschehens alles Fordernde in diesem Kontext ohnehin besonders ambivalent erscheinen muss.

Andererseits muss betont werden, dass wiederum Ethik im Allgemeinen wie die christliche und die hier von Anouilh vor Augen geführte im Speziellen sich eben gerade nicht in der Forderung erfüllen. Liedtext und -spiel zeigen eine Ethik nicht des Imperativs, sondern des Indikativs (soweit sich beide auch im Blick auf Mt 25,40 überhaupt trennen lassen): »Ich bin bei den Menschen, die ...«

---

15 Z.B. zu »Ihr Kinderlein kommet« oder zu »Wir stellen uns ein« aus: Siegfried Macht, Kinder tanzen ihre Lieder, Paderborn, 2. Auflage, 11-14, oder: »Bereitet den Weg« (auch als Pavane) aus: Ders., Kleine Leute - große Töne, Leinfelden-Echterdingen 1997, 65/66.

- Der vorgestellte Baustein erhält so den Platz »abschließender Eröffnung«, was seinem oben genannten Wesen streng genommen nicht als Weihnachts- sondern als Dreikönigs- bzw. Epiphanias-Spiel, zumindest aber am Ende der Weihnachtsfeier mit Ausblick in die folgenden Stationen des Kirchenjahres entspricht.

Zu Gott, dem Vater, lasst uns beten

Text und Musik: Siegfried Macht

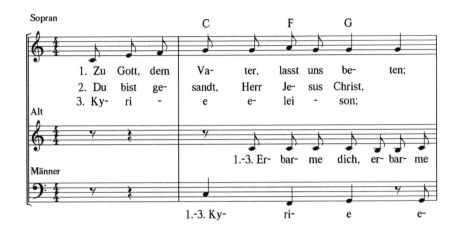
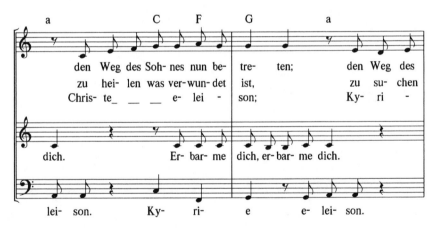

Lied bzw. Chorsatz können den Kreuzweg begleiten und (zumindest phasenweise) zu einer gestalteten Prozession zwischen den einzelnen Stationen anleiten.

Die eingängig an traditionelle Stimmführung angelehnte Choral-Melodik eignet sich bereits nach kurzer Einführung für den auch unbegleiteten Gemeindegesang und das einstrophig wiederholende Auswendigsingen auf dem Weg. Je nach Anlass und liturgischer Einbindung wird in der Regel eine der Textvarianten gewählt und während des Schreitens beständig wiederholt.

Gegangen wird im ruhigen Tempo der halben Note (zum zügigen Gesang!), also zwei Schritte pro 4/4-Takt. Der Auftakt wird abgewartet, der rechte Fuß beginnt auf »Vater«: ER leitet uns auf dem »rechten« Weg.

So geht es mit normalen Gehschritten beständig weiter, lediglich die letzten beiden Takte jeden Durchgangs variieren die Schrittfolge und zeichnen ein Kreuz auf den Boden.

Takt	*Zeit*	*Bewegung*
8	1	rechts vor
	2	links zurück
	3	rechts vor links kreuzend Tipp
9	1	rechts nach rechts seitwärts Tipp
	3	warten

von vorn

Als liturgischer Ort bieten sich auch Kyrie-Litanei bzw. *Eröffnungsgesang* an: Zumindest der Chor oder eine andere Vorbereitungsgruppe zieht an den Stationen des Kreuzweges vorbei und schließt an der Auferstehungsstation bzw. am (Hoch-)Altar mit dem gesungenen Gloria (»Allein Gott in der Höh sei Ehr«, Gotteslob Nr. 457, EG Nr. 179):

Fortsetzung der Bewegung zum Gloria

Die noch hintereinander (evtl. sogar nebeneinander mit Blick zur Wand) Stehenden belasten in der Pause zwischen Kyrie-Litanei (s.o.) und Gloria den rechten Fuß und ziehen (»Allein Gott in der Höh sei Ehr« singend) nach dem Auftakt gewendet mit Blick zum

Altar auf einer Halbkreisbahn hinter diesem vorbei. Ziel ist die Choraufstellung halbkreisähnlich hinter bzw. an den Seiten des Altares oder im Chorraum: Der Schritt sollte den tänzerisch bewegten Charakter des schwingenden Taktes aufnehmen – dabei jedoch keinesfalls an ein »Schunkeln« erinnern. Möglich ist z.B. die Abfolge: Wechselschritt vorwärts, Rückwiegen (Front während der ganzen Bewegung leicht schräg zur Mitte: zum Wechselschritt eher Flanken-, zum Rückwiegen eher Frontkreis).

Zur Symbolik

Das Einsetzen der abschließenden Variation der Schrittfolge mit dem Kreuzzeichen lässt sich dem Taktverlauf ablauschen: Mit Einsatz des 3/4-Taktes beginnt die Variation und erhöht das Tempo der Schritte aufs Doppelte. Die »Dramaturgie« des Heilsereignisses ist an ihrem Höhepunkt angelangt. Im Zeichen des Kreuzes verbinden sich Passion und Auferstehung. Das Zeichen des Kreuzes vervollständigt sich in der Pause *vor* dem Neueinsatz unseres Singens: Gottes Liebe geht unserem Tun voraus, die Ver*söhn*ung ist Sache des mit dem Vater einigen Sohnes, das innertrinitarische Heilsgeschehen bedarf unserer Stimme nicht.

Auch die Melodie lässt sich vor dem Hintergrund ausgeprägter Symbolik deuten: Die Melodielinie durchläuft in rascher Folge den Rahmen einer Sext, steigt auf wie das Gebet zum Vater, fällt ab angesichts des mitzugehenden Leidensweges, hebt sich erneut (zum »und«) im Blick auf das göttliche Geheimnis, das sich dann allerdings völlig in der »Tiefe der Knechtsgestalt« abspielt und den Grundton sogar noch unterwandert, als solle auch der Abstieg in das Reich der Toten noch miteingebunden werden.

Hier scheinen Melodie und Biographie Jesu bereits an ihrem Ende angekommen zu sein, das dritte Drittel (!) der Strophe reißt die Melodie aber noch einmal um eine Terz über den eingangs angesprochenen Gebetsruf hinaus und variiert das Ende (auf Golgota) um einen anderen Ausgang: Die Modulation in die Subdominante als neue Tonika »erhöht« die entsprechenden Passagen dabei um eine Quarte und erinnert an die Erhöhung des nunmehr zur Rechten Gottes sitzenden Sohnes. Die Quarte als Signal wird dabei mehrfach betont, vgl. dazu die Intervalle über den Silben »wie er«, »...zes-tod«, »Schand am« bzw. die um eine Quart gehobene Sequenzierung des fünften Taktes ab Auftakt zum achten Takt. Gleichzeitig wird die melodische Steigerung durch die Straffung zum Taktwechsel unterstützt. Der bisherige Vierertakt verdichtet sich für einen Moment zum Dreier: Die Vier als Zahl der Welt wird von der Drei als Zahl Gottes überlagert. (Man denke neben der himmlischen Dreieinigkeit an die Erdziffer Vier in der antiken wie mittelalterlichen Zahlensymbolik, der wir in zahlreichen Märchen z. B. im Blick auf die »vier Enden der Erde« noch heute begegnen.)

Eine weitere Möglichkeit zur Dramaturgisierung des Kreuzweges liegt in der Mehrstimmigkeit des mitgeteilten Satzes. Hier sollte einstimmig begonnen und nach und nach zur Mehrstimmigkeit ausgeweitet werden, bzw. auf den Charakter der einzelnen Stationen eingegangen werden. Der Satz ist relativ einfach und auch nicht chorisch gebildeten Gemeindegliedern zumutbar.

Hilfreich für die Einbindung des Gesangs in den Gehalt der unterschiedlichen Kreuzwegstationen ist das Wissen um die Tradition des Kyrie-Rufes, der heute zwar mehr oder weniger im Kontext von Buße und Vergebung verstanden wird, eigentlich aber eher Verherrlichungscharakter hatte und insofern der geeignete Ruf für nahezu alle Stationen vom umjubelten Einzug Christi über die Passion im engeren Sinn hinaus bis zum erneuten Jubel angesichts der Auferstehung ist. So wird der Kreuzweg eingebettet in den größeren Weg der Nachfolge, die über jegliche gestaltete Reflexion hinaus zum alltäglichen »Um-Gang« einlädt.

Wir loben dich, Herr Jesus Christ

Text und Musik: Siegfried Macht

Wir schaun auf dich, Herr Jesus Christ;
wir schaun auf dich und sehen doch nicht.
Wir sind den Weg mit dir oft gegangen
und doch war unser Blick verhangen.
    Wir danken dir, Herr Jesus Christ,
       dass in Brot und in Wein du bei uns bist.

(Die beiden Schlusszeilen alternativ auch als Kyrie, s. o.)

Zur Kreuzweg-Prozession

Geschritten wird im ruhigen Tempo der punktierten Viertel: z. B. 3 Schritte vorwärts und auf 4 zurückwiegen (»Pilgerschritt«).

Das Lied betont den Buß-Charakter der Kreuzwegandacht: Wir wären wohl kaum mutiger gewesen als Petrus. Lassen wir den Hahn ruhig auf dem Dach der Kirche, damit er uns erinnert, dass immer wieder nicht mutig genug bekannt wurde und wird…

Doch auch dies soll deutlich werden: Das Abschreiten des Kreuzweges ist weder »Ent-Schuldigung« noch Nachvollzug im Sinne »stellvertretenden« Leidens: Wir können und brauchen die Dinge nicht umzukehren, denn es ist Christus, der uns »entschuldigt«, der für uns stellvertretend gelitten hat. Aus der Dankbarkeit, diese Vergebung empfangen zu haben, aus ihrer erinnernden Einverleibung in Brot und Wein können wir Kraft zur Diakonie schöpfen: »Was ihr getan habt einem meiner geringsten Brüder (und Schwestern), das habt ihr mir getan!« Das ist die Stellvertretung, die vor Christus zählt. Diesem Gedanken folgend bedenken wir an den einzelnen Stationen des Kreuzweges das Leiden Christi auch in Gestalt der unzähligen immer noch Leidenden dieser Welt.

Wie sehr die Kreuzweg-Prozession als Weg-Andacht der Verknüpfung mit dem Abendmahl bedarf, lässt sich vom Blick auf die Emmausjünger lernen (Lk 24,13–35):

Der Gang mit dem Auferstandenen, seine erklärende Rede öffnet ihnen nicht die Augen (vgl. die zweite Strophe des Liedtextes). Zu Sehenden werden sie erst, als der Herr das Brot bricht und dies setzt sie erneut in Bewegung: Die Mahlgemeinschaft mit dem Herrn ist Anfang und Ende ihres und unseres Weges.

Schuldbekenntnis – Kyrie – Abendmahl

Der kleine Gesang kann auch mehrfach in die Liturgie eingebunden werden, z. B. mit der Textunterlegung der ersten Strophe im Kontext des Schuldbekenntnisses, mit der zweiten Textstrophe zum Abendmahl, mit der alternativen Schlussunterlegung auch als Kyrie.

Asche auf mein Haupt

Text und Musik: Siegfried Macht

Kanon für 3 Stimmen

Jo- na, mach dich auf nach Ni- ni- ve, ruf in Gottes Namen: Wehe!
A- sche, A- sche, A- sche auf mein Haupt, kleidet mich in Sack und Asche.
Je- sus sprach: Erfüllt ist nun die Zeit und das Reich des Himmels nahe.
Kehrt euch um und geht den neu- en Weg, glaubt das Wort, das Wort der Freude.
A- sche, A- sche, A- sche auf mein Haupt, kleidet mich in Sack und Asche.

Seht, der Kö- nig steigt her- ab vom Thron.
Seht, der Kö- nig steigt her- ab vom Thron.
Seht, der Kö- nig steigt her- ab vom Thron.
Seht, der Kö- nig steigt her- ab vom Thron.
Seht, der Kö- nig steigt her- ab vom Thron.

Bußruf und Asche-Ritus in der Bibel

»Sich in Sack und Asche zu kleiden« ist ein bereits dem Alten Testament bekannter Buß-Ritus: So steht nach Jonas wider Erwarten fruchtbarer Bußpredigt selbst der König von Ninive von seinem Thron auf, hüllt sich in einen Sack und setzt sich in die Asche (vgl. Jona 3). Seinem Beispiel folgen Mensch und Vieh (!), so dass quasi alle Kreatur in Kleidung und Fasten dem Ruf zur Umkehr Folge leistet. Das Zeichen ist dabei deutlich mehr als eine bloße Absichtsbekundung: Es ist bereits der erste Akt der Umkehr selber und mit weiterer konkreter »Handlung« unaufgebbar verknüpft. Jona 3,8 verbindet Zeichenhandlung und Umkehr im Alltag, fordert die Buße von Hand und Fuß.

Biblische Rede von der »not-wendigen« Buße ist dabei stets als Änderung der »Bewegungsrichtung« zu verstehen: Es geht um Abkehr von der Sünde, Rückkehr aus der Absonderung von Gott (vgl. auch zum Folgenden die etymologische Verwandtschaft). Den »Sund«, den Graben zwischen dem Festland Gottes und der verlorenen Insel Mensch, gilt es durch umkehrende Rückbesinnung zu überwinden. Gottes Ruf ist weniger Drohung als warnende, mahnende Handreichung, Brückenschlag über den Abgrund »Sünde«. In diesem Sinne ist Sünde weniger als Summe moralischen Fehlverhaltens zu sehen, denn als Zustand der Gottlosigkeit (aus dem Fehlverhalten erst sekundär folgt). Der Bußruf ist in erster Linie eine Liebeserklärung Gottes an den in Trennung lebenden Partner Mensch. Dies gegen alle moraltheologischen Missverständnisse deutlich herauszuarbeiten, ist Hauptanliegen schon des gesamten Buches Jona und muss es für heutige Predigt und Religionspädagogik angesichts der Unpopularität der Theologumena »Buße« und »Sünde« bleiben. Dabei kann es nicht darum gehen, den Anspruch Gottes zu reduzieren, wohl aber das Anstoß nehmen an die richtige Stelle zu verlagern und so zu ermöglichen, dass der Stein des Anstoßes die Liebe ins Rollen bringt.

Der Asche-Ritus hat insofern Anteil auch an der Hoffnung, die hinter jedem Bußakt durchschimmert, ja, auf die er letztendlich gerichtet ist: »Wer weiß? Es möchte Gott wiederum gereuen und er sich wenden von seinem grimmigen Zorn, dass wir nicht verderben« (Jona 3,9).

Im antiken Mythos des Phönix zeigt sich ebenfalls die Ambivalenz des Aschezeichens. Die Asche als Resultat der Verbrennung ist Zeichen des Todes, der sich aus der Asche erhebende Phönix gleichwohl auch Ausdruck der Hoffnung, dass der Tod nicht das letzte Wort behält.

Die Verwendung der Asche in der christlichen Liturgie erinnert ebenfalls an diese zwei Brennpunkte:

Zum einen steht Jesus in der Tradition der alttestamentlichen Buß-Rufer, wenn er (Mk 1,15) direkt im Anschluss an die Überantwortung des zur Umkehr rufenden Johannes des Täufers dessen Sendung gleichermaßen weiterführt wie aufhebend vollendet.

Zum anderen weist eben sein Anspruch (»Die Zeit ist erfüllt und das Reich Gottes herbeigekommen«) über den alttestamentlichen Bußruf hinaus, der in Johannes dem Täufer seinen letzten und schon auf der Schwelle stehenden Vertreter gefunden hat.

Jesu Bußruf verbindet sich in Mk 1,15 unmittelbar mit dem Zuspruch »…und glaubt an die gute Nachricht.« Aus dem Blickwinkel des nachösterlich schreibenden Evangelisten ist Jesu Kreuz und Auferstehung Besiegelung und nachgereichte Legitimation dieser Botschaft. Ostern wird sich Gott in Christus als der eigentliche »Beweg-Grund« der Umkehr erweisen und die Auferstehung zum Urbild jeglicher Umkehr machen:

Der Asche-Ritus der christlichen Liturgie, gerade auch als sinnlicher Mitvollzug der Karwoche am Aschermittwoch, verbindet Schuldbekenntnis und Auferstehungshoffnung des Gläubigen auf allen Ebenen. Während der König Ninives ungewiss in der Asche sitzen blieb und (wenn auch erfolgreich) auf das gütige Ausbleiben göttlicher Rache harrte, weiß die Kirche Jesu um die bereits zugesprochene Vergebung und um die vollzogene Auferstehung des Ersten, der den Seinen nur vorangezogen ist.

Wo immer in der liturgischen Praxis ein Wälzen in der Asche oder ein Bestreuen des Hauptes mit Asche geschieht, da erinnert dieser Akt nicht nur an die Demut des sich erniedrigenden Königs von Ninive, sondern auch an die Demut des himmlischen Königs, der, »ob er wohl in göttlicher Gestalt war… entäußerte sich selbst und nahm Knechtsgestalt an« (Phil 2,6). Wer sich mit ihm erniedrigt, der wird mit ihm erhöht werden. In diesem Sinne korrespondiert der Asche-Ritus dem Taufakt, ist gleichsam Taufvorbereitung wie Tauferinnerung, Absage an die Welt des Todes und ihrer Werke, Hinwendung zum in Christus geschenkten Leben.

Nichtsdestotrotz bleibt der Asche ein ernstzunehmender Hauch von Bußübung: Wer sich der Sinnlichkeit des Aktes im Hinblick auf die mögliche Verschmutzung der Feiertagskleidung entzieht, sollte vom König in Ninive lernen und sich erst einen »Sack« anziehen, bevor er sich in die Asche setzt. Die von Bonhoeffer zu Recht monierte »billige Gnade« lebt auch in der Reduktion liturgischer Vollzüge auf Abstraktionen: »Wasch mir den Pelz – aber mach mich nicht nass!«

Zum Lied

Das vorgestellte Lied fasst die obigen Überlegungen zusammen und bündelt sie in der mehrdeutig und wie ein Refrain auftretenden Schlusszeile: Der vom Thron herabsteigende König wird transparent, es ist jener von Ninive ebenso wie der »Menschensohn«, der seine Brüder und Schwestern in die Nachfolge dieser Bewegungsrichtung ruft.

Von daher erlaubt das Lied unterschiedliche Verwendungen, auch um die eine oder andere Strophe reduziert zur Fokussierung auf jeweils einen Akzent, z. B. als
- religionspädagogisches Erzähllied im Kontext narrativer Betrachtungen des Jonabuches bzw. der Predigt Jesu vom Nahen des Gottesreiches;
- Bußruf bzw. Schuldbekenntnis in der Liturgie (nicht nur am Aschermittwoch).

Zur Handhabung des Asche-Ritus

Die folgenden Gedanken nur als Anregung für eigene Gestaltungen vor Ort. Je größer der Vorbereitungskreis der in die Planung einbezogenen Personen ausfällt, desto leichter wird es der Gemeinde fallen, die damit verbundene Sinnstiftung bzw. Intensivierung gängiger Praxis anzunehmen.

Im vorbereitenden Unterricht mit Kindern und Jugendlichen und/oder der einen oder anderen Gemeindegruppe sprechen wir das Vorhaben an und fragen, wer noch so heizt, dass Asche entsteht. Schon bei der Sammlung der Asche können wir in interessante Gespräche eintreten:

Stigmatisieren wir bestimmte Gemeindemitglieder als soziale Randgruppe? Oder sensibilisiert uns die konkrete Vorbereitung einer Zeichenhandlung hier ganz urplötzlich für möglicherweise unterlassene Diakonie, zumindest mangelnde Wahrnehmung? Gibt es möglicherweise alte Menschen in der Gemeinde, die sich die Kohle für ihren Ofen herbeischleppen müssen? Oder erleben wir das Gegenteil: Wer Asche mitbringt, kann sich den Luxus eines Kamins o. ä. leisten?

Die gesammelte Asche wird im Altarraum der Kirche ausgebreitet, angehäuft, zum Aschekreis oder Aschekreuz gelegt: Welche Form wählen wir – was haben wir vor? Wieder besteht schon in der Vorbereitungsgruppe die Chance zum Gespräch über die Korrespondenz theologischer Inhalte und ihrer liturgischen Form.

Asche-Prozession

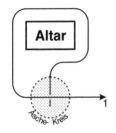

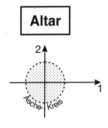

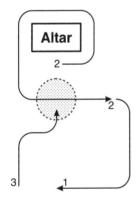

Wer am Asche-Ritus teilhaben möchte, wird gebeten, sich in die vorderen Bankreihen zu setzen. Während die ganze Gemeinde singt (2. Strophe des obigen Liedes) ziehen jeweils zwei (rechts und links des Mittelgangs) gegenüberliegende Reihen wie folgt über einen Aschekreis im Altarraum:

Gruppe 1 (von der Gemeinde aus linke 1. Reihe) umwandert »gegensonnen« (d. h. gegen den Uhrzeigersinn) den Altar und bleibt (von der Gemeinde aus gesehen) horizontal in der Reihe über dem Aschekreis stehen.

Gruppe 2 (rechte 1. Reihe) zieht nun durch die Mitte von Gruppe 1 bis vor den Altar, so dass beide Gruppen im Zeichen des Kreuzes zu stehen kommen. Der Individualität des Bußaktes entsprechend lösen sich die im Altarraum Versammelten aus dem Gemeindegesang und übernehmen jeder für sich die Kanoneinsätze zwei oder drei (Vereinfachung s. u.). Gleichzeitig ist es jedem freigestellt, »Asche auf sein Haupt« zu schütten.

Nach einem Kanondurchgang nimmt Gruppe 2 den oben bereits für Gruppe 1 beschriebenen Weg um den Altar bis zur Horizontale über dem Aschekreis. Währenddessen zieht Gruppe 1 weiter und geht möglichst unter Vollendung einer 8 als Gesamtfigur des Raumweges auf die Ausgangsplätze zurück.

Entsprechend folgt eine Gruppe nach der anderen, bildet über dem Aschekreis wartend mit der jeweils benachbarten ein Kreuz und zieht weiter.

Variationen

Das Singen im Aschekreuz fällt auch musikalischen Laien bedeutend leichter, als beim Lesen dieser Zeilen angenommen wird: Da die versierteren Gemeindemitglieder in die Einsätze zwei und drei springen, ist z. B. auch ein Verharren im durchgängigen Gemeindegesang möglich und im Altarraum eine »individuelle« Stimme. Zudem besteht als einfachste Variante die Möglichkeit der beständigen Wiederholung von lediglich Takt 1-4 oder sogar nur Takt 1 und 2 (»Asche, Asche, Asche auf mein Haupt«).

Nach der Wartestellung im Kreuz können beide Gruppen gemeinsam weiterziehen, was eine Verzahnung bzw. Durchwanderung der einen durch die andern nach dem Reißverschlussprinzip bedeutet.

Leichter ist es, die jeweils auf den Altar blickende Gruppe voranziehen und erst nach der Entflechtung die andere Gruppe auf die Plätze zurückkehren zu lassen.

Um eine Doppelung des Ritus zu vermeiden, sollten die beiden Momente des in der Asche Stehens unterschiedlich gefüllt werden:

So empfiehlt sich z. B. die Sicht des ersten Stehens in der Asche als Hören des Bußrufs bzw. vorbereitender Akt evtl. unter Singen der Textunterlegung von Strophe 3 und/oder 4, erst beim zweiten Stehen in der Asche folgt dann Strophe 2 und evtl. das Sammeln von Asche auf dem Haupt.

Zur theologischen Deutung des vorgeschlagenen Zeichenaktes

Die sich vertikal und horizontal im Altarraum begegnende Gemeinde bringt den doppelten Charakter der Umkehr zum Ausdruck: Umkehr zu Gott (Blickrichtung zum Altar/Vertikale) ist immer auch Umkehr zum Nächsten (Horizontale). Beides geschieht im Zeichen des gekreuzigten und auferstandenen Herrn, der uns als »Sonne der Gerechtigkeit« entgegenzieht, so dass wir »gegensonnen« den Altar umwandern: Zum eigentlichen Bußakt kommt es nicht als Vorbedingung der Gottesbegegnung, sondern als Antwort auf die uns zur Begegnung vorauseilende Liebe Gottes. Der gesamte Raumweg schließt sich mehr oder weniger zur Acht: In Gottes Ewigkeit (die 8 als Symbol der Unendlichkeit) bin ich aufgehoben, aufgehoben auch mit meiner ständig neuen Verstrickung in »Ab-wegiges«, meiner ständig neuen Bedürftigkeit nach Umkehr (die 8 als Symbol des Wendens, des Werdens und Vergehens).

Das hinzutretende Singen hat über die emotionale Intensivierung hinaus die Funktion einer nicht erst nachgereichten oder verschulenden bzw. dogmatisierend vorbereitenden Deutung: Es deutet im Vollzug und verstärkt das Erleben der biblischen Tradition als einer heilsgeschichtlichen. Angesichts der esoterischen Überbetonung ewigen Kreisens und diffusen Erlebens akzentuiert der begleitende Gesang die Bindung des Ritus an das konkrete Heilsereignis des Kreuzes und ihm vorlaufender Traditionen. Das Singen hat Anfang und Ende, die Bewegung Wartepunkte. Dies alles darf nicht etwa hinter einer modischen Überbetonung der »8« zurücktreten: Die Geschichte Gottes mit den Seinen und jedem Einzelnen ist eine stationäre, unverwechselbare, sich nicht in ewiger Wiedergeburt auflösende. Der leibliche Bußakt hofft auch angesichts der verheißenen »Auferstehung des Fleisches« als Zeichen meiner bei Gott unverwechselbar und gänzlich aufgehobenen Identität.

An dem ersten Tag der Woche
Wettlauf des Johannes mit Petrus

Text (nach Joh 20,1-8) und
Musik: Siegfried Macht

Und Maria läuft zu Petrus / und Johannes und sie spricht:
»Hört, sie raubten uns den Herrn, denn / wo er lag, da liegt er nicht.«

Ach, schon kommen sie gesprungen, / beide eilen sie zum Herrn;
und der eine ist ein Felsen, / und den andern hat er gern.

Da sie laufen miteinander, / seht: Der andre läuft zuvor
und ist schneller noch als Petrus, / steigt zum Grab im Fels empor.

Und er schaut und sieht die Tücher, / doch noch geht er nicht hinein,
denn nach ihm kommt Simon Petrus / und der soll der Erste sein.

Erst danach geht auch der andre; / nein, der Herr ward nicht geraubt,
den er liebgehabt, der Jünger / sieht das leere Grab und glaubt.

Halleluja, Halleluja, / auferstanden ist der Herr!
Halleluja, Halleluja, / auferstanden ist der Herr![16]

> Das Halleluja wird erst nach der sechsten Strophe angestimmt und insgesamt dreimal gesungen.

Zum Liedtext: Wettlauf als Teil biblischer Enthierarchisierung

> Dicht an Joh 20,1-8 bleibend erzählt der Text des folgenden Liedtanzes die Geschichte vom – durch Maria Magdalena veranlassten – Grablauf des Petrus und Johannes:
> Auf subtile Art und Weise lässt der Liedtext wie der ihm zugrunde liegende biblische Text an der Rivalität der beiden Jünger teilhaben: Johannes, der Jünger, den Jesus auf besondere Weise lieb hatte (vgl. Joh 19,26), läuft schneller; aber er lässt Petrus quasi als dem »Würdigeren«, dem »Fels« (Mt 16,18), auf den Christus seine Gemeinde bauen will, den Vortritt. Schließlich ist es dann aber wiederum nicht Petrus, sondern Johannes, von dem es heißt, dass er angesichts des leeren Grabes in der Lage ist, zu glauben (Joh 20,8).
> So ist der johanneische Osterbericht eine Umkehrung konventioneller gemeindlicher Erwartung: Petrus betritt das Grab nur als erster, weil Johannes ihm den Vortritt lässt, und beide Männer wiederum eilen nur herbei, weil Maria aus Magdala, die eigentlich erste Osterzeugin, sie gerufen hat. Sie ist es darum auch, die in den folgenden Versen Jesus als erste schauen wird, denn während die Jünger heimgehen, kann sie sich von der Grabstätte Jesu nicht trennen (vgl. Joh 20,11).

Zur Bewegungsgestaltung

> In Ostergottesdiensten des Mittelalters gab es den Brauch, zwei der besten Sprinter den Wettlauf zwischen Petrus und Johannes darstellen zu lassen.[17]

---

16 Aus: Siegfried Macht, In die Freiheit tanzen. Liedtänze für Schule, Freizeit und Gemeinde, Paderborn 1997, 94-97. Auf gleichnamiger Doppel-CD.
17 Vgl. Horst Hirschler, Predigt des Landesbischofs, in: Mitarbeiten 3/92, Hannover, 45.

Derartiges wiederzubeleben wäre eine originelle dramaturgische Bereicherung der österlichen Feier evtl. auch unterrichtlicher Inszenierung in der Woche nach (den) Oster(ferie)n. Ausgehend vom mitgeteilten Lied ergeben sich diverse Gestaltungsmöglichkeiten:

- Das Wettrennen zweier Läufer durch den Mittelgang (oder nach Möglichkeit einen noch weiter ausgeführten Weg, s. u.) kann sowohl mehr oder weniger tänzerisch stilisiert als eine Art schneller Prozession oder aber auch als echter Wettkampf gestaltet werden: Der Sieger ist Johannes. Stilisierende Absprachen könnten z. B. das Einhalten des musikalischen Grundschlags als Schrittmaß oder eine feste Bewegungsfolge aus Geh- bzw. Lauf-, Wechselschritt und Drehung sein.
- Das Rennen kann synchron zu den Liedstrophen drei und vier in eine tänzerisch bzw. szenisch gestaltete Rahmenhandlung (der Strophen 1 + 2 und 5 + 6) eingefügt werden.
- Das abschließende dreifache Halleluja singt die ganze Gemeinde im Stehen, die erzählenden Strophen ein Solist oder Chor, die Gemeinde antwortet echoartig mit der Wiederholung der jeweiligen Schlusstakte (s. o.).
- Liturgischer Ort wäre die Gestaltung (zumindest eines Teils) der Lesung vor der Predigt. Im Religionsunterricht könnte die Inszenierung im Rahmen einer nachösterlichen kirchenpädagogischen Erkundung verbunden werden.

Weitere mögliche Anknüpfungspunkte in diesem Zusammenhang wären z. B. die Entdeckung des Altars als vieldeutigem Zeichen (nicht nur Tisch, sondern z. B. auch Grab!), die Symbolik der Stufe(n) vor Altarraum und evtl. Altar selbst sowie die Bewegtheit zahlreicher zu entdeckender Bilder und Skulpturen: Wer die Kirche »durch-*läuft*« wird ihre Bewegungszeugnisse anders wahrnehmen als der, der sie »be-*sitzt*«.

Im Ostergottesdienst könnte der Liedtanz zum modellhaften Beispiel der Einbeziehung unterschiedlicher (Alters-)Gruppen werden, erprobt ist der im Folgenden konkretisierte Ablauf:

Während des *Vorspiels* treten vier oder sechs Kinder aus den Seiten des Chorraumes direkt vor den Altar (auf oder vor dem einige Tücher bzw. Schleier liegen) und bilden eine Gasse von zwei bzw. drei Paaren, heben die zum Gegenüber gefassten Hände zu Torbögen und bilden so die Grabhöhle.

Zur *1. Strophe* tritt Maria (Frau oder älteres Mädchen) aus der sitzenden Gemeinde vor den Altar.

Zur *2. Strophe* tritt Maria auf die Seite und wendet sich zur Gemeinde.

Zur *3. Strophe und 4. Strophe* kommen zwei ältere Jungen oder Männer vom Hauptportal durch den Mittelgang gelaufen, evtl. wird der Weg verlängert, indem beide rechts und links erst auf den Außengängen nach hinten laufen, um dann durch den Mittelgang nach vorn zu kommen. Der Weg sollte in etwa so dimensioniert sein, dass der erste der beiden zur vierten Zeile der vierten Strophe (»steigt zum Grab im Fels empor«) vor der Stufe zum Altarraum angekommen ist, einen Moment verharrt, die Stufe bewusst nimmt und erst dann weitergeht zur »Grabhöhle«.

Das Laufen der beiden kann etwa wie folgt stilisiert werden: Grundmuster ist ein Hüpfschritt, dessen Einzelschritte (Schritt-Hüpf-Schritt-Hüpf) im Tempo der Achtelnote erfolgen. Das beim Hüpfen nach vorne geschwungene Spielbein reißt weiter, so dass eher ein Vorwärts- als ein Aufwärtshüpfen intendiert ist und die beiden einen echten Wettlauf veranstalten können: Der Gewinner ist Johannes.

Eine anspruchsvolle Schrittvariante ergibt sich aus folgendem zweitaktigen Muster
(S = Schritt, H = Hüpfen): S H, S H, S H, H H; S H, S H, S H, H H.

Nach dem Doppelhüpfer (H H, was eigentlich einen Sprung auf den jeweils anderen Fuß meint) beginnt (nach dem Semikolon) die Wiederholung gegengleich, d.h. mit dem anderen Fuß, wie die folgende Rechts-Links-Verteilung zeigt (sprich »links und, rechts und«):

li +, re +, li +, re, li; re +, li +, re +, li, re.

Die Stilistik entspricht der von einem französischen Domkapitular unter dem Pseudonym »Thoinot Arbeau« in seiner »Orchesographie« mitgeteilten Einführung in die Tänze des 16. Jahrhunderts (1588 in Langres publiziert). Das Vorwerfen des Spielbeins bei gleichzeitigem Hüpfen auf dem Standbein (insbesondere beim jeden Takt abschließenden Doppelhüpfer bzw. Springen) erinnert an die »Gaillarde« bzw. das abschließende »decoupment« der einen oder anderen Branle.

Zur *5. Strophe* beginnt Maria evtl. (darin tänzerisch das Halleluja vorwegnehmend) mit einem der Tücher bzw. Schleier des Altars zu tanzen, während der inzwischen nachgekommene Petrus am Eingang zur Grabhöhle niederkniet.

Zur *6. Strophe* kniet nun auch Johannes vor der »Grabhöhle« nieder und Maria steigert langsam ihren Tanz mit dem Schleier.

Nun folgt die mehrfache Wiederholung des *Halleluja*: Die beiden Jünger stehen auf und gehen langsam auf die Gemeinde zu, mit der in ihrer Mitte tanzenden Maria ziehen sie langsam zum Ausgang, tragen die Botschaft weiter...
(Alternativ kann Maria auch erst während des Halleluja mit dem »Schleiertanz« beginnen.)

Während die erzählenden Strophen dem Tonträger bzw. Chor, Ansingegruppe oder Solist überlassen werden, stimmt die Gemeinde zum »Halleluja« aufstehend ein. Dazu reicht es, einige wenige Gemeindeglieder in den ersten Reihen vorher um ein Aufstehen an entsprechender Stelle zu bitten, was ein Aufstehen auch der anderen in der Regel nach sich zieht: Gerade in den liturgischen Minimalbewegungen liegt im gottesdienstlichen Kontext die Chance, alle Gemeindeglieder an der Bewegungsgestaltung aktiv partizipieren zu lassen. Der Liedtanz als vorerst unvertrautes Element wird so auf eine größere Akzeptanz stoßen, das liturgisch begründete Aufstehen wird als solches im fremden Kontext wieder neu entdeckt.

Marias Tanz kann dabei zunehmend den Schleier als Instrument der Verhüllung in ein Instrument der Freude und Entschleierung umdeuten (evtl. stellen sich auch Assoziationen ein, welche Maria mit den Tüchern tanzen sehen, die in Joh 20,6-7 erwähnt werden.) Im »Halleluja« nimmt sie damit die folgende Perikope von der Begegnung mit dem Auferstandenen voraus, der ihr den »Schleier von den Augen« nimmt, so dass sie ihn nicht mehr für den Gärtner hält... Solche Gleichzeitigkeit ist zudem ein Merkmal johanneischer Theologie, die ja auch Kreuz und Auferstehung selbst dichter zusammendenkt als die synoptischen Evangelien.[18]

---

18   Vgl. Christian Dietzfelbinger, Johanneischer Osterglaube. Theologische Studien 138, Zürich 1992, insbesondere Seite 5 im Blick auf Joh 12,23.27 sowie 13,1.33.36 und 14,4.12.28; ähnlich S. 36 bzgl. des Zusammenfallens von Oster- und Pfingstereignis, vgl. Joh 20,22.

Auferstanden ist Jesus Christ

Text und Musik:
Siegfried Macht

Kanon für 2-3 Stimmen (Abfolge im gem. Chor: B, S, A/T)

Bewegungskanon

Gerade auch in fest bestuhlten Bank-Reihen (möglichst mit Mittelgang):
- zum 1. Ton bereits in Spannung geraten und noch sitzend aufrichten
- zum 2. Ton aufstehen
- vom 2. Takt an mit kleinen ruhigen Seitstellschritten im Tempo der halben Note seitwärts auf den Mittelgang zu, solange bis sich in der Mitte des Mittelganges die Ersten aus beiden Hälften des Raumes treffen. Dann nur noch leicht auf der Stelle hin und herwiegen.

Diese Bewegung setzt sich reihenweise von vorne nach hinten fort, so dass mit jedem neuen Kanoneinsatz auch eine weitere Reihe aufzustehen beginnt und sich auf die andere Hälfte jenseits des Mittelganges zubewegt.

Zu Ostern spielen die Engel Trommel

Text und Musik:
Siegfried Macht

Auf lokale Talente eingehen und improvisierend beginnen ...

Der obige Kanon kann Baustein eines, diverse Talente Jugendlicher einbeziehenden Ostergottesdienstes sein: Chor oder Singgruppe, Band bzw. Trommelgruppe und ein oder mehrere Tänzer/innen können ihre Zusammenarbeit vorstellen.

Beim Solotanz wird man primär die Fertigkeiten und Vorlieben des/der jeweiligen Solisten zur Grundlage einer mehr oder weniger freien Improvisation machen.

Falls ein Gruppentanz oder die Bewegungsgestaltung durch mehrere Einzelne angedacht ist, empfiehlt es sich, diese den Formteilen bzw. Stimmgruppen des musikalischen Ablaufs zuzuordnen:

Erste und zweite Kanongruppe (Frauenstimmen) korrespondieren zwei auch nacheinander mit der gleichen Bewegung einsetzende eher solistisch raumgreifende Tänzer/innen.

Den Ostinato übernehmen die Männerstimmen, in der Bewegung taucht er in ständiger Wiederholung kleinschrittiger

Motive durch eine weniger solistisch hervortretende Gruppe auf: Im »Background-Chorus« kann Ostinato-Singen und -Tanzen auch in Personalunion zusammenfallen.

... oder einen sich steigernden Gruppentanz im Kreis probieren

Aufstellung im (offenen) Kreis oder Halbkreis im Altarraum, auch in Reihen o. ä., die sich links seitwärts fortbewegen können.
Die Hände beider Nachbarinnen bzw. Nachbarn locker herabhängend gefasst.

A = Grundschritt

Takt	Zeit	Bewegung
1	1	linken Fuß nach links seitwärts stellen
	3	rechts an links ranstellen
	4	links nach links
2	1	rechts nach rechts stellen
	4	den linken Fuß rechtwinklig mit der Hacke an den rechten stellen, dabei die Hände auf Schulterhöhe heben und zur nächsten Zählzeit wieder fallenlassen

Die Schritte nach links größer als die nach rechts (die eher nur das Gewicht zurückverlagern/wiegen) ausführen: So kommt die Gruppe langsam im Uhrzeigersinn über die Kreisbahn.
Wird im Altarraum und/oder vor einer sitzend mitsingenden Gemeinde getanzt, so wendet die Reihe der Tanzenden in Höhe des Altars um die linke Seite und zieht von da an mit Blick nach außen (bzw. auf die Gemeinde zu) zurück. Entsprechend kann auf der anderen Seite des Altars wieder nach innen gewendet werden usw. oder die Gruppe zieht – sich evtl. in zwei Reihen aufteilend – durch den Mittelgang, jede Reihe mit Blick auf ihre Gemeindehälfte.

B = Steigerung

Die Sprünge nach links wieder raumgreifender als die nach rechts:

Takt	Zeit	Bewegung
1	1	Sprung auf links, rechten Fuß vor linkem hochschwingen
	3	Sprung auf rechts (links dabei nur wenig anheben)
	4	Sprung auf links, rechten Fuß vor linkem hochschwingen
	6	auf dem Platz etwas auf links nachhüpfen
Nun mit 3 Sprüngen ganze Drehung um die rechte Seite:		
2	1	Sprung auf rechts
	3	Sprung auf links
	4	Sprung auf rechts
	6	auf rechts etwas nachhüpfen

Möglicher Ablauf (so z. B. auf der CD)

A: 32 Takte, d. h. 16 × Grundschritt
B: 8 Takte, d. h. 4 × Steigerung mit Sprüngen, deutlich erkennbar an der zum ohnehin beständig dichter und lauter werdenden Arrangement schwungvoll hinzutretenden Flötenstimme
A: 16 Takte, d. h. 8 × Grundschritt, am Ende der Trommelphase zeigt der einsetzende Bass den nahenden B-Teil an
B: 8 Takte, d. h. 4 × Steigerung mit Sprüngen
A: 8 Takte, d. h. 4 × Grundschritt

Zur Theologie

Die »Schlangenhaut« des Liedtextes erinnert an jene »Schlange«, die Adam und Eva in die verbotene Frucht beißen ließ und von der es in Gen 3,15 heißt, dass Evas Same ihr den Kopf zertreten wird. In neutestamentlicher Lesart ein Fingerzeig auf den »Menschensohn« Christus, der den Tod überwinden wird. Eben dies feiern wir am Osterfest und der Liedtext lässt den Triumph Christi über die alte Schlange so endgültig erscheinen, dass er ihr sogar das »Fell über die Ohren zieht« (vgl. Gen 3,21) und es als Trommelfell vom wie ein Schlägel darauf tanzenden Christus bearbeiten lässt.

Dass im Himmel »ein Tanz ist«, wird gerade im Blick auf die Auferstehung in der christlichen Kunst aller Epochen dargestellt und die Offenbarung des Johannes spricht (Offb 15,3) von der himmlischen Wiederholung jenes Liedes des Mose und der Mirjam, das ja ganz offensichtlich ein Tanzlied war (vgl. Ex 15,1; deutlicher 15,20-21).

Warum die Menschen die Trommel bauten

Nicht lange, nachdem Adam und Eva das Paradies verlassen mussten, da formte Eva eine Schale aus Ton und schenkte sie Adam und sprach:

»Von Erde bist du genommen wie diese Schale und aus Liebe entbranntest du zu mir, als du mich das erste Mal sahst. Dann aber zeigtest du mit dem Finger auf mich und sprachst: Die da hat mir gegeben und ich aß von dem Apfel des Unheils. Ach, dass du doch wieder brennen könntest vor Liebe, wie diese Erde gebrannt ist zur Schale.«

Da nahm Adam die Schale, ging mit ihr zu dem Busch, wo die Schlange wohnte, und fand das Kleid, das die Schlange abgestreift hatte, als sie sich herauswinden wollte aus dem Fluch, der sie getroffen.

Und Adam griff die Haut der Schlange und spannte sie fest über der Schale. Dann aber gab er sie Eva zurück:

»Dir hab ich die Schuld angezogen wie der Schale die Haut, aus der schon die Schlange sich heimlich davonstahl.«

Und Eva, so heißt es, gebar Adam drei Söhne. Doch als sie die erste Tochter geboren, da schlug die Kleine mit der Hand auf die Schale und die Schale gab einen hellen Ton.

Da lachten die Eltern und Adam herzte sie und sprach: »Hört, meine Söhne, von den Früchten des Feldes habt ihr geopfert und die Erstlinge der Herde habt ihr Gott gebracht. Sie aber weiß, was dem Herrn gefällt.«

Und abermals schlug das Kind auf die Haut der Schlange und die Schale vibrierte und gab ihren Ton.

Und Adam sprach: »Wir wollen sie Tromm-El[19] nennen, denn ihr Herz schlägt dem Herrn und ihr Lob soll noch klingen, wenn alle anderen Opfer vergehen.«

---

19 Ohne etymologischen Bezug, aber in märchenhaft sprachspielerischer Manier wird hier an eine alttestamentliche Gottesbezeichnung angeknüpft: vgl. »*el*ohim« und insbesondere die sämtlich auf »-el« endenden Engelnamen (»Gabri*el*, Micha*el*, Rafa*el*...«), die somit den Namensträger über sich hinaus auf Gott hinweisen lassen. Übersetzungen solcher Namen wären dann etwa »Wer-ist-wie-Gott?«; aber auch ins Lateinische übertragene Namen wie »Ama-deus (= Gott-lieb)« zeugen von der Anbindung (Rück-Bindung = re-ligio) des eigenen Namens an den Gottes, vgl. nicht zuletzt auch Christus als »Immanu*el*«.

Und das Kind wuchs heran und spielte die Trommel und lehrte die Eltern, sie auch zu spielen.
Und Adam und Eva spielten die Trommel und wurden eins mit ihr, während sie saßen. Denn waren nicht beide gebrannte Erde, von Gott einstmals mit Fell überzogen, als sie die Nacktheit nicht mehr ertrugen? So spielten sie und sie spielten sich selber und flohen nicht mehr vor ihrer Schuld. Und sie spielten das Brennen, das Brennen der Erde, spielten das Feuer, die Asche und spielten die Glut…
Und der Rhythmus des Felles erzählte von damals, erinnerte, was zu erinnern war. Und sie spielten sich frei von Kain und von Abel, von Adam und Eva und sie hörten die Stimme Gottes des Herrn, der im Garten ging, als der Tag kühl geworden.
Und Adam und Eva versteckten sich nicht, sondern spannten das Fell und lauschten der Stimme und antworteten Gott, dem Herrn, ohne Angst.
Und Gott, der Herr, sprach: »Siehe, nun seid ihr weise geworden. Denn ist nicht dieses des Menschen Teil, dass er brennt vor Liebe, sich nicht windet und häutet, sondern lernt auf der Haut der Schlange zu spielen?«

Gingen zwei hinab nach Emmaus

Text und Musik: Siegfried Macht

A

Da erklärte er ihnen die Worte / Moses und aller Propheten;
und als sie das Dorf zur Nacht erreichten, / baten sie ihn noch zu bleiben.

B

Und er nahm das Brot, dankte und brach es… / Da erkannten sie und sahen,
eilten gleich, nachdem er sie verlassen, / nach Jerusalem.

A

Sagten allen, dass er auferstanden, / ja, leibhaftig auferstanden.
Und als sie die Worte grad gesprochen, / trat der Herr in ihre Mitte.

B

Halleluja, er ist auferstanden, / Halleluja, er ist auferstanden,
Halleluja, er ist auferstanden, / Halleluja.

(nach Lukas 24,13-35)

Männertanz (je zu dritt) im Kreis

Abwechselnd paarweise und allein im Flankenkreis links, d. h. mit linker Seite zur Mitte zeigend (siehe nebenstehende Skizze):

A-Teil (Takt 1-8)
Einfaches Gehen über die Kreisbahn (oder Schritt nach Absprache bzw. wie unten vorgeschlagen). Die Paare gehen ohne Fassung, die Einzelnen hinter der jeweiligen Paarmitte. Im letzten Takt gehen die Paare fast auf der Stelle und der hinter ihnen gehende Einzelne tritt näher.

B-Teil (Takt 9-16)
Der Einzelne tritt in die Mitte des Paares und alle drei legen ihre Hände einander auf die Schulter (T-Fassung).

Takt	Zeit	Bewegung
9	1	rechts vor
	3	links vor
10	1	rechts vor, im Knie einknicken und links hinten leicht heben
	2	links absetzen
	3	rechts vor
11 + 12		Takt 9+10 gegengleich wiederholen: links vor beginnt
13 - 16		Takt 9-12 wiederholen, während des letzten Taktes die Arme von den Schultern nehmen, die Paare treten fast auf der Stelle, die Einzelnen gehen mit großen Schritten weiter, so dass sie beim nächsten B-Teil in die Mitte des nächsten Paares treten.

Variante zum A-Teil
Sobald die Gruppe die konstitutiven Elemente der Form beherrscht, kann auch für den A-Teil ein bestimmter Schritt gewählt werden. Bewährt hat sich folgende einfache, aber doch originelle Folge:

Takt	Zeit	Bewegung
1	1-3	Wechselschritt (rechts vor, links nachziehen, rechts vor)
	4	links vor über den Boden fegen
2	1	links aufsetzen
	2	rechts über den Boden fegen
	3	rechts absetzen
	4	links über den Boden fegen
3 + 4		Wiederholung der Takte 1 + 2 gegengleich, d.h. mit links beginnend
5 - 8		wie Takt 1-4

Das hörbare Fegen über den Boden setzt leichte Akzente im Sinne einer »Off-Beat«-Betonung.

Zur Tanzsymbolik: Schulterfassung als Vergegenwärtigung des auferstandenen Gekreuzigten

Die Choreographie[20] verbindet sich mit der Perikope der Emmausjünger im Wesentlichen über die Aufstellung in Dreiergruppen bzw. Paaren mit wechselndem Dritten: Konstitutiv für den Bezug zwischen Liedtanz und Bibeltext ist also kein Schritt, sondern quasi der Wechsel der Sozialformen »Paar« und »Trio« in Verbindung mit dem Ausführungsprinzip des »Mixers«. Selbst der Raumweg (Kreis) hat keinerlei Eigenwert, sondern ergibt sich lediglich, um jedem Paar seinen Dritten zuzuweisen. Gemeint ist also nicht »Kreis«, sondern »Kreis-Schluss«, quasi als Veranschaulichung der Jesusworte »Ich bin bei euch alle Tage...« (Mt 28,20) und »Wo zwei oder drei versammelt sind in meinem Namen, da bin ich mitten unter ihnen« (Mt 18,20): Die geschlossene Kreis-

---

20 Liedtext und Melodie aus: Siegfried Macht, In die Freiheit tanzen. Liedtänze für Schule, Freizeit und Gemeinde, Paderborn 1997, 169-172. Auf gleichnamiger CD. Der Liedtanz ist eine Überarbeitung der ebd. S. 172 mitgeteilten Fassung.

bahn wird zum Ausdruck des nach beiden Seiten (bzw. vorne und hinten) zuverlässig »Benachbart-Seins«.

Der Tanz lässt jenen Fremden in die Mitte der Emmausjünger treten, der ihnen nicht fremd bleibt: Die gewählte Schulterfassung ist erfahrungsgemäß die gerade auch von tänzerisch schwer motivierbaren Jungen am ehesten akzeptierte. Neben einer gewissen Exotik (»Sirthaki«, »Griechenland«) signalisiert sie das »Sich-Verstehen von Kumpels, die zusammen durch dick und dünn gehen« (Hauptschüler 9. Klasse). Die so entstehenden Assoziationen sind dabei also nicht nur motivierend, sondern auch der Sache angemessen:

Das Einnehmen der fremdländischen Tanzfassung signalisiert in der Interpunktion der Inszenierung den Beginn des Aus-sich-heraus-Tretens in den anderen Raum und die andere Zeit. Gleichzeitig bleiben gerade diese auch offen für eine Vergegenwärtigung: Emmaus ist im Zusammenhang mit der biblischen Entfernungsangabe zu Jerusalem (vgl. Lk 24,13) nicht eindeutig lokalisierbar. Einen Ort an dieser Stelle hat es nicht gegeben, er wird als Nicht-Ort (Utopie) zum All-Ort.

Der unter sie tretende Dritte rührt die beiden Wandernden an: Ihr »Herz brennt ihnen auf dem Wege« (vgl. Lk 24,32), als er ihnen »alle Schriften auslegte« (vgl. Lk 24,27), letztendlich um zu belegen, dass »Christus solches leiden« musste, um zu »seiner Herrlichkeit einzugehen« (Vers 26). Ehe der Auferstandene sich also als Auferstandener zu erkennen gibt, führt er die Seinen in das Verständnis der Passion ein: Kreuz und Auferstehung gehören zusammen – so lässt sich der Schulterfassung unschwer die Symbolik des Kreuzes entnehmen, insbesondere dann, wenn auch die beiden äußeren Tänzer die Arme weder herunterhängen lassen, noch angewinkelt halten, sondern dergestalt ausstrecken wie es die »T-Fassung« des Mittleren vorgibt. Wie weit darin auch ein »sein Kreuz auf sich nehmen« (vgl. Mt 16,24) gesehen wird, ist in besonderer Weise den Tanzenden selbst zu überlassen, der Kontext der Perikope legt hier ohnehin mehr ein Sich-Einschwingen in das Verstehen des Heilshandelns nahe als eine Akzentuierung von »Nachfolge«.

Die Begegnung mit dem biblischen Wort nicht als Text, sondern als Tanz korrespondiert diesem in besonderer Weise: Mehr noch als die Worte Jesu, die als in Weggemeinschaft gesprochene Worte schon anders qualifiziert sind als in Buchform begegnender Text, mehr noch berührt die leibliche Gemeinschaft: Die Jünger erkennen den Erzählenden erst an der Art und Weise, wie er das

Brot bricht und dankt. Eben in dem Moment aber, da sie erkennen, sehen sie den nicht mehr, den sie nicht erkannten, solange sie ihn (nur) sahen. Der auferstandene Herr eilt auch im Tanz weiter und ist dennoch stets bei denen, die ihn zwischen sich treten lassen.

Evtl. bietet sich ein Vergleich mit Bildwerken zur Perikope an, welche z. B. Christus ebenfalls in der Mitte zwischen den Jüngern zeigen, eine bestimmte Körperhaltung für diese und jenen wählen, den vor ihnen liegenden Weg dunkel oder hell, krumm oder gerade zeichnen.

Segen spendendes Wort

Text und Musik:
Siegfried Macht

2. Leib gewordenes Wort,
Gott in der Zeit und vor Ort,
bewege auch unseren Leib,
Gott, du leibhaftiger, bleib.

3. Geist geborenes Wort,
Gott in der Zeit und vor Ort,
entzünde auch unseren Geist,
Gott, du begeisternder, bleib.

Rhythmischer Kreistanz

Aufstellung in zwei konzentrischen Kreisen mit Blick zueinander. Innenkreis (A) und Außenkreis (B) tauschen nach jeweils einem Strophendurchgang die Bewegungsfolge. Zählzeit ist die Achtelnote (zu 2-2-3-2 taktakzentuierend gruppiert).

TRINITATIS: DREIFALTIGKEITSSONNTAG 153

A = Innenkreis

Takt	Zeit	Bewegung
1	1	links seitwärts
	3	klatschen (etwa vor der linken Schulter)
	5	rechts seitwärts
	7	klatschen (etwa vor der rechten Schulter)
	8	klatschen (etwa vor der rechten Schulter)
2 ff		Takt 1 wiederholen

Achtung: Der Klatscher auf 7 ist auftaktig zum betonten Klatscher auf 8 zu verstehen. Da somit der Klatscher auf 8 dem auf 3 entspricht, zwischen Schritt (auf 5) und Klatschakzent (auf 8) aber im Gegensatz zur ersten Takthälfte zwei Achtelzählzeiten liegen (statt der einen auf 2) wirkt Zählzeit 6 als unsymmetrische Pause (durch die Verlängerung der unbetonten Zählzeit 7), was Reiz, aber auch Schwierigkeit des Klatschens im 9/8-Takt ausmacht.

Variante: Nur die Klatscher auf 7 und 8 ausführen.

B = Außenkreis

Hände beider Nachbarinnen bzw. Nachbarn locker herabhängend gefasst.

Takt	Zeit	Bewegung
1	1	links seitwärts
	3	rechts nachstellen
	5	links seitwärts
	8	rechts nachstellen
2	1	rechts (!) vor
	3	links auf gleiche Höhe nachstellen
	5	rechts rückwärts
	8	links auf gleiche Höhe nachstellen
3 + 4		wie 1 + 2, also links (!) seitwärts usw.

Achtung: Analog zum unter A Gesagten wirkt sich die Unregelmäßigkeit des 9/8-Taktes hier im Schrittmaß »kurz-kurz-lang-kurz« aus, d.h. der jeweils vierte Schritt jedes Taktes folgt dem dritten später als der zweite dem ersten. Vierter und zweiter Schritt entsprechen sich räumlich, unterscheiden sich aber zeitlich.

Zum Liedtext

Wer ist »Der Leibhaftige«? Der Satan? Der Anfang des Johannesevangeliums und mit ihm alle Inkarnationstheologie widerspricht: »Das Wort ward Fleisch«! Wenn Gottes Wort Fleisch geworden ist und die Auferstehung auch jene des »Fleisches« meint, dann ist es längst überfällig, der Leibhaftigkeit des Mensch gewordenen Gottes Konsequenzen für den kirchlichen Umgang mit Leiblichkeit abzulauschen. Unser Leib ist Gottes Tempel (1 Kor 6, 19) und erfüllt damit, was ihm als Ebenbild Gottes seit der Schöpfung zugedacht ist: Er ist es nicht erst dadurch, dass Gottes Geist in ihm wohnt, sondern Gottes Geist wohnt in ihm, weil Gott ihn von Anfang an zum Tempel ausersehen hat.

Und wenn Paulus sich (Röm 7,24) sehnt: »Wer wird mich erlösen von dem Leib dieses Todes«, so ist das bei allem sich ausbreitenden hellenistischen Einfluss erst einmal immer noch jene ganzheitliche biblische Existenz, der eine Aufsplittung in Leib, Seele und Geist (im Sinne der Ratio) fremd ist: Als ganzer Mensch bin ich »Sünder«, d.h. abgesondert von Gott, als ganzer Mensch aber auch erlöst.[21]

Wer wollte denn angesichts der Sünden unserer Zeit die Ratio freisprechen? Zeigen nicht gerade die komplexen Schuldverstrickungen unserer Tage, wie sehr Bauch und Hirn zusammengehen in dem *einen* Leib?

Die Kirchenväter waren stets versucht, nur den Engeln das Tanzen zuzugestehen und jenseits der Allegorisierung den irdischen Tanz zu verbieten. Aber die Leiblosigkeit der Engel ist noch lange keine Garantie für einen höher wertigen Tanz, für größere Loyalität Gott gegenüber. Selbst »Engel« ist kein uneingeschränkter Positivbegriff jenseits des Kontextes der Zugehörig-

---

21 Ausführliche Anmerkungen zu einer Theologie der Leiblichkeit im Allgemeinen und zu jener des Tanzes im Speziellen, sowie zur Wertung des Tanzes in der (Kirchen-)Geschichte siehe in: Siegfried Macht, Mit Liedern tanzen. Der Liedtanz als Medium der Religionspädagogik, Münster – Hamburg – London 2000, zugl. Hannover, Univ., Diss., 1999.

keit: Wessen Engel? Der biblische Engel ist Bote, qualifiziert durch die Botschaft, nicht durch eigenes Sein. Von »Satans Engel« (2 Kor 12,7) weiß Paulus sich mit Fäusten geschlagen und Theologen, Historiker und Mediziner rätseln noch heute, welch bösartige Krankheit (Epilepsie?) er damit als sein Leiden andeutet. Wer in vielen Dingen »geschickt« ist, hat damit noch nichts über den gesagt, der ihn geschickt hat und wozu er seine Kunst verwenden wird: Ästhethik und Ethik hängen zusammen, aber sie sind (beileibe!) nicht identisch – und die »reine Geistigkeit« ist weder für das eine noch das andere Garant höherer Wertigkeit.

Der neue Adam (Christus wie auch die in der Taufe geschenkte, jedem Getauften zugesprochene neue Wesenheit) hat ebenso Anteil an der Leibhaftigkeit, wie der alte Adam auch und gerade »im Kopf« Sünder war. Was verlockte Adam und Eva: der Wohlgeschmack eines konkreten Apfels oder »zu sein wie Gott«? Magen oder Kopf, Leib oder Geist – die (im wahrsten Sinne des Wortes) »unselige« Trennung nun doch noch einmal ins Spiel bringend?

Paulus verwirft nicht den Leib, sondern das »leiblich gesinnt sein«, so wie er jede andere Dominanz verurteilen würde, die den Mensch aus dem schöpfungsgewollten Gleichgewicht brächte. Der Leib soll nicht verleugnet werden, er soll, braucht, darf und kann nicht nur Kopf werden, so wenig wie der Mensch Gott, denn – darum ist Gott Mensch geworden. Jede übertriebene Askese ist somit ein Verstoß gegen die Rechtfertigungslehre, beständig in der Gefahr, durch Selbsterlösungstendenzen zu vergessen, dass »Ver-Söhn-ung« einzig und allein vom Sohn kommt. Er ist der Mensch gewordene Herr, das Leib gewordene Wort. Es stünde der Menschheit im Allgemeinen und der Kirche im Besonderen gut an, wenn auch andere Herren das Menschsein üben und weitere Worte sich ihrer Leibhaftigkeit besinnen würden, anstatt die verhängnisvolle Gegenrichtung zu üben: Deren Abdanken gehört zum Grundkonsens der Postmoderne, der Glaube an die ethische Unbefleckheit der Vernunft und der ihm folgende Machbarkeitswahn ist von der Geschichte hinlänglich entmythologisiert worden.

Dem gegenüber kann Tanz die sichtbare Erinnerung und Vergegenwärtigung der Weihnacht, Ausdruck des in leib-seelischer Ganzheit angenommenen Menschen sein: Der tanzende Mensch zeigt »leibhaftig«, wer oder was ihn bewegt, er lässt das Wort Fleisch werden.

Zur Symbolik

In besonderer Art und Weise macht der Schritt durch die angesprochene Akzentuierung auf Zeit und Raum als die im Liedtext jeder Strophe refrainartig wiederholten Dimensionen des Heilsgeschehens aufmerksam:

Bei konsequentem Durchzählen der Achtel wird eine Pause auf der 7 empfunden. Die Vollzahl 7 ist die Zahl des Sabbats, die Zahl der Ruhe, der Feier im Angesicht Gottes. Nach der Zerstörung des Tempels tröstet der Schöpfungshymnus der Priesterschrift (Gen 1 – 2,4a) die ins babylonische Exil verschleppten Juden mit dem Hinweis auf den Sabbat, den siebten Tag, als der Krone der Schöpfung: Wenn die Feinde den Tempel Gottes zerstört haben, dann wohnt Gott umso mehr in ihrer Mitte, wenn sie den Feiertag halten, der sie halten wird. Haben jene Gottes Wohnung den Raum genommen, so »nimmt er sich Zeit« (für die Seinen)! Ob Bundeslade, Tempel oder Sabbat: Schon das alttestamentliche Gotteswort drängt jenseits des Bilderverbotes (das ein Götzenbildnisverbot ist) auf Gestaltwerdung, den Menschen zuliebe, die einen Glauben ohne Leiblichkeit nicht leben können.

Neutestamentlich gesehen fällt der Sabbat mit der Niederfahrt Christi in das Totenreich zusammen. Für die Jüngerinnen und Jünger Jesu der »lange« Tag der Totenstille vor der Auferstehung. Zur Erinnerung: Es ist die siebte Achtel, deren Platzierung im Takt das Einhalten des Schrittes in der auf drei Zeiten gedehnten Achtelgruppe bewirkt. Umso kräftiger wirkt die folgende 8, der ihr korrespondierende Schritt der Tanzenden »erlöst« aus der Unbeweglichkeit: So setzt der Auferstandene die Seinen in Bewegung, zuerst Maria Magdalena, dann Petrus und Johannes, die zum Grab »laufen« (!), die Emmausjünger schließlich, die wieder umkehren, und die Pfingstgemeinde, die sich bewegt hinaussenden lässt.

Die 8 ist die Erhöhung der 1, der zum christlichen Feiertag gewordene erste Tag der Woche. Sie steht für seine Umwandlung zum wöchentlich wiederkehrenden »kleinen Osterfest«. In der Musik existiert eine originelle Analogie: Der achte Ton der Oktave ist mit dem ersten identisch, unsere traditionellen Tonleitern kennen sieben verschiedene Töne, der achte ist der »erhöhte« erste.

Auf dich hin

Text: Augustinus
Musik: Siegfried Macht

B-Teil erst einstimmig, dann im Kanon für 4 Stimmen

Bewegungs-Improvisation

Den A-Teil stehend und möglichst mehrstimmig im notierten einfachen Satz singen.

Zum B-Teil in freier Schrittfolge je nach Einbindung in den liturgischen Kontext zum Altar schreiten, gehen, laufen, hasten…

Schritte zum Schluss so bemessen, dass Gesang und Schritt gemeinsam auslaufen und vor dem Altar zur Ruhe kommen.

Dem Kanon entsprechend in verschiedenen Gruppen nacheinander mit Gesang und Schritten auf den Altar zu beginnen. Nicht direkt zum Altar streben, sondern Umwege einplanen, vorübergehend den ganzen Kirchraum füllen, dann im Altarraum verdichten und nach und nach in konzentrischen Kreisen um den Altar sammeln.

Die Kanonstimmen laufen nacheinander aus.

Lass mich gehn
lass dich gehn
lass uns miteinander gehn
lass dich und mich

Gott – Mensch – Mitmensch

Miteinander gehen

Text: Siegfried Macht
Musik: n. mdl. Überlfg.

Kanon für 2-4 Stimmen

Lass mich gehn, lass dich gehn, lass uns mit-ein-an-der gehn, lass dich und mich.

Begleitostinato ad lib.

Flöte

Zwischenspiel und/oder Oberstimme

Glockenspiel

Ruhiger Schreit-Tanz

Im Tempo der halben Note, Aufstellung paarweise hintereinander wie bei einer Polonaise. Die Partner halten die inneren Hände locker herabhängend gefasst.

Takt	Bewegung
1+2	mit links beginnend 3 Schritte vorwärts, den 4. als Tipp auf der Spitze ohne Gewicht ranstellen
3+4	Wiederholung gegengleich: mit rechts beginnend 3 Schritte vorwärts und Tipp
5+6	mit links beginnend 4 Schritte vorwärts
7+8	auf links zurückwiegen und 2 kleine Schritte rückwärts, dann rechts als Tipp ranstellen

2. Durchgang: Alles gegengleich wiederholen: Rechts steht als Tipp ohne Gewicht auf Spitze und ist frei für den Beginn.

3. und 4. Durchgang: wie 1. und 2., aber Fassung lösen und alleine weiter.

Zum 5. und 6. Durchgang wieder zusammenfinden und gemeinsam weiter.

Variationen
Je nach Anlass, Gruppe, Vorkenntnissen usw. bieten sich verschiedene Raumwege an. Zum Beispiel:
- Paare lösen sich, lassen Raum zwischeneinander, finden sich wieder (evtl. als Auszug aus Hochzeitsgottesdienst).
- Paare lösen sich, Einzelne gehen auf verschlungenen Raumwegen Kanon singend durcheinander, finden sich zu neuen Paaren (z. B. Einzug eines Chores, paarweise durch Mittelgang, freier im Altarraum, abschließend in Choraufstellung übergehend).
- Von Anfang an evtl. ohne Fassung als Auszug aller z. B. aus einem Schulgottesdienst zum Thema Wegbegleitung, Liebe/Freundschaft/Partnerschaft o. ä.: Aus den zwei Flügeln des Raumes finden sich die (ungefassten) Paare jeweils im Mittelgang und streben dem Ausgang zu.

Zum Liedtext

Es lassen sich diverse Deutungen eintragen, je nachdem welche Partner gemeint sind: miteinander befreundete Menschen, Ehepaare, Eltern und Kind, Gott und Mensch.

Ähnlich dem alttestamentlichen Hohenlied der Liebe gehen die Deutungsmöglichkeiten mehr oder weniger bewusst ineinander über. Allen gemeinsam ist dies: Keine Freiheit ohne Bindung – keine gelingende Bindung ohne Freiheit... Wer finden will, muss loslassen können, auch sich selbst.

Wes das Herz voll ist

Text (nach Mt 12,34) und Musik: Siegfried Macht

Kanon für 2 Stimmen

Kreistanz mit Stampfern

Ausgangsstellung im Kreis, Hände beider Nachbarinnen bzw. Nachbarn locker herabhängend gefasst, Schrittmaß ist die punktierte Viertel.

Takt	Bewegung
1	2 Schritte vor: rechts, links
2	2 Schritte zurück
3	2 Schritte gegen Uhrzeigersinn über die Kreisbahn
4	2 Schritte rückwärts über die Kreisbahn (gegen Uhrzeiger)
5-6	4 Schritte (wieder vorwärts) gegen Uhrzeigersinn über die Kreisbahn
7-8	3 × 3 Stampfer (jetzt im schnelleren Tempo, Achtelnote!), dazu evtl. Fassung lösen und ganze Drehung (mit den Stampfschritten, den jeweils ersten von drei Stampfern etwas kräftiger ausführen als die anderen, den allerletzten Stampfer als Schluss-Schritt ranstellen)

Dass die Vögel der Sorge

Text: Martin Luther
Musik: Siegfried Macht

(Gitarrengriffe gelten für Capo auf dem III. Bund)

Dass die Vö-gel der Sor-ge und des Kum-mers flie-gen ü-ber dei-nem Haupt, das kannst du nicht än-dern. A-ber, dass sie Nes-ter bau-en in dei-nem Haar, das kannst du ver-hin-dern.

(summen)

Getanzt wird Kalamatianos, wie zum Lied »Ach Baum, ach guter Baum« (siehe dort) beschrieben.

Ein Vater hatte viele Söhne / Hine ...

1. St.: Siegfried Macht nach einer Äsopschen Fabel
2. St.: aus Israel (Ps 133,1)
Musik: aus Israel

im Quodlibet mit dem 2 stg. Kanon "Hine ma tow uma naim"

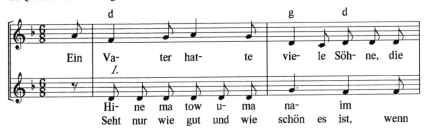

| Hi- | ne | ma- | tow | sche- wet | a- | chim | gam | ja- | chad. |
| Hal- | tet | Frie- | den, | Kin- der des | ei- | nen | | Got- | tes. |

Ein Vater hatte viele Söhne, / die stritten ohne Unterlass,
so dass er eines Tages dachte: / Ich muss was tun – doch, Himmel, was?

Er nahm ein festverschnürtes Bündel / von Stäben, das beim Ofen stand,
und schaute fragend in die Runde: / »Wer bricht mir das mit starker Hand?«

Ein jeder schlug das Bündel Hölzer / mit aller Kraft auf seine Knie,
der Vater aber stand daneben / und lachte nur: So schafft ihr's nie.

Dann nahm er selbst das Dutzend Stöcke / zerschnitt die Schnur, die es verband,
und brach die Stäbe alle einzeln / mit halber Kraft und leichter Hand.

Die Söhne fühlten sich betrogen, / der Vater aber sprach nur: »Seht,
hier liegt das Band, das die verbunden, / die einzeln brachen. Ihr versteht?«

> Solist/Solistin oder kleine Ansingegruppe tragen das Lied »Ein Vater hatte viele Söhne« als Erzähler vor. Erst abschließend wird diese Melodie im Quodlibet gleichzeitig mit dem Kanon »Hine ma tow/Seht nur wie gut« ausgeführt. Den Kanon übernimmt gegebenenfalls ein (größerer) Chor oder Publikum bzw. Gemeinde.
>
> Der Kanon kann allerdings schon während des Erzählliedes als Hintergrundsatz und/oder Zwischenmusik instrumental oder gesummt präsent sein.
>
> Zum Quodlibet beginnen Solist/Solistin von vorn und werden von Strophe zu Strophe leiser, während der Chor (oder alle) spätestens jetzt näher tritt, einzieht bzw. die »Bühne« betritt und sich zum Tanz im (Halb-)Kreis um den/die Erzähler/in stellt:

Tanz für 1-2 Kreise um Erzähler

Hände beider Nachbarinnen bzw. Nachbarn locker herabhängend gefasst. Falls der Kanon zweistimmig gesungen wird, stellt sich die Gruppe in zwei konzentrischen Kreisen mit Blick zueinander (Innenkreis also Rücken zu Erzähler bzw. Erzählerin in der Mitte). Der Innenkreis beginnt, der Außenkreis folgt mit Gesang und Bewegung:

Takt	Bewegung
1	Wechselschritt links seitwärts: links, rechts, links
2	Schritt rechts rückwärts, auf links vorwiegen
3	Wechselschritt rechts seitwärts: rechts, links, rechts
4	Schritt links vorwärts, auf rechts zurückwiegen
5-8	Takt 1-4 wiederholen
9	2 Schritte im Uhrzeigersinn über die Kreisbahn: links, rechts
10	auf links rückwiegen, auf rechts vorwiegen
11	Wechselschritt vorwärts: links, rechts, links
12	auf rechts zurückwiegen, auf links vorwiegen
13-16	Takt 9-12 gegengleich wiederholen, d. h. mit dem jeweils anderen Fuß…

Ausführung gleich oder gegengleich
Der Innenkreis beginnt entweder mit dem Wechselschritt rechts seitwärts und tanzt alles gegengleich, weil gegenüberstehend somit in dieselbe Richtung wie der Außenkreis.

Oder der Innenkreis tanzt obige Schritte identisch und bewegt sich dann entsprechend gegengleich zum Außenkreis.

Einfache Alternative
Eine andere, einfachere Variante ergibt sich, indem Vater und 12 Söhne (Männerchor!) als Erzähler, das Lied singend einziehen (z. B. mit der Folge von Wechselschritt und 2 normalen Gehschritten) und evtl. den Liedtext sogar szenisch andeuten – die Gemeinde (von einer Singleitung geführt) beginnt nach und nach den Kanon hinzuzusingen.

Wer gehört dazu?

Text und Musik:
Siegfried Macht

Lebhafter Kreistanz mit Kette

Aufstellung im Kreis, zu zweit durchgezählt, Blick nach außen (!), Hände beider Nachbarinnen bzw. Nachbarn locker herabhängend gefasst.

Takt	Zeit	Bewegung
1	1-3	re nach re, li ran, re nach re
	4	Hüpfer auf rechts, dabei halbe Drehung um rechte Schulter (Blick nun nach innen)
		Zur Drehung Fassung kurz lösen, dann gleich wieder zu beiden Seiten fassen.
2	1-3	li nach li, re ran, li nach li
	4	Hüpfer auf links, dabei halbe Drehung um linke Schulter (Blick jetzt wieder nach außen)
3+4		Wdhlg. von Takt 1+2

Kette:
Am Ende von Takt 4 drehen nur die Einser um die linke Schulter, alle Zweier drehen um die rechte, so dass sich Paare finden. Man gibt einander die rechte Hand und geht rechtsschultrig aneinander vorbei, slalomartig führt der Raumweg zum nächsten Partner, den wir jeweils am Taktanfang erreichen. Erst jetzt lassen wir den alten Partner los, geben dem neuen die linke Hand usw., bis wir am vierten Partner vorbei sind.

Statt normaler 4 Gehschritte pro Takt passt die folgende Rhythmisierung besser zur Musik:

5	1,+,2	Schneller Wechselschritt: re vor, li nachziehen, re vor
	3,+,4	Schneller Wechselschritt: li vor, re nachziehen, li vor
6-8		Takt 5 insgesamt 3 × wiederholen
		Mit dem letzten Wechselschritt bereits wieder in den Kreis mit Blick nach außen einreihen

Von vorn

Zur Symbolik

Dieser Kreistanz ist nicht »exclusiv« im Sinne von (lat. »excludere«) »ausschließen«: An die Stelle eines permanenten Blickes zur Mitte – der Außenstehenden beständig den Rücken zeigen würde – tritt eine von Takt zu Takt vollzogene Wendung (»Umkehr«). Dem Beieinander und (in die Mitte schauend) Bei-Gott-Sein korrespondiert somit als zweite die zu(m) Fremden, zu(r) anderen, zum Nächsten, der schon im Gleichnis vom Barmherzigen Samariter nicht aus dem Kreis der Vertrauten kam. Und noch eines lehrt eben dieses Gleichnis: Die Außenstehenden in den Blick zu nehmen ist nicht in erster Linie ein ethisches Gebot der Zuwendung – es war ja vielmehr jener Fremde, der half. Nicht dass ich helfen sollte oder müsste, sondern dass ich mich nicht selbst um Hilfe bzw. ganz einfach um den Reichtum der Begegnung betrüge, ist die primäre Aussage des biblischen Textes. In eben diesem Sinne wechselt der Tanz Blick- und Bewegungsrichtung und lässt in der Figur der Kette die einen allen anderen begegnen.

Die Straße zum Himmel

Text: Hartmut Handt
Musik: Siegfried Macht

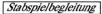

Die Straße zum Himmel / führt durch das Leben nur;
und viele Menschen warten / auf den, der auf der Spur.

Die Straße zum Himmel / ging einer schon voraus.
Was zögre ich zu gehen? / Ich bleibe nicht zu Haus.

Aus: Siegfried Macht, Dass Frieden werde. Kleine Lieder zu großen Themen.« © Don Bosco Verlag, München.

Kreistanz mit Kette und Gang zur Mitte

Version A
Aufstellung im Kreis mit Blick zur Mitte und zu zweit (jeweils als Partner) durchgezählt, ungefasst, Schrittmaß ist die halbe Note, rechter Fuß beginnt. (Vorspiel abwarten und mit gesungenem Refrain beginnen.)

Refrain
Takt 1 + 2: Einser gehen 4 Schritte zur Kreismitte.
Takt 3 + 4: Einser gehen 4 Schritte rückwärts in die Ausgangsposition zurück.
Takt 5 + 6: Zweier wie Einser von Takt 1-4, mit dem letzten Rückwärtsschritt erfolgt Wendung der Partner zueinander, d.h. die Einser wenden sich nach rechts, die Zweier nach links.

Strophen (»Kette«)
Die Partner reichen sich kurz die rechte Hand, lösen aber sofort wieder, um jeder für sich in Schlangenlinie über die Kreisbahn zu wandern, dem jeweils Entgegenkommenden abwechselnd die rechte oder linke Hand reichend.

Mit zwei Schritten wird ein neuer Partner erreicht, der 7. Partner ist der letzte, für den Platzwechsel mit ihm stehen 4 Schritte zur Verfügung, um die Front wieder zur Mitte auszurichten.

Wird die Strophe wiederholt, so läuft die Kette zurück; d.h. der eben angesprochene 7. Partner wird mit 4 Schritten so umwandert, dass nach einer halben Drehung jeder in Gegenrichtung weiterläuft. In dieser Richtung wird nun (sich zuerst die linke Hand gebend) wieder bis zum anderen 7. Partner gewandert, auch mit ihm wird mit 4 Schritten der Platz gewechselt und alle richten sich für den Neueinsatz des Refrains zur Mitte aus.

Version B: Vereinfachung der Strophen
Wenn mit jüngeren Kindern die für die Strophen vorgeschlagene Kette (etwa ab 9 Jahren möglich) zu schwer fällt, kann wie folgt variiert werden:

Die Paare drehen sich dann zur Strophe 4 Takte rechtsarmig, dann 4 Takte linksarmig. Zu dieser »Handtour« reichen also beide einander erst die erhobene rechte Hand, den Arm im Ellbogen rechtwinklig abgewinkelt. So umwandern sich beide, bis jeder

wieder auf seinem Platz steht. Dann dasselbe in Gegenrichtung und mit erhoben aneinander gelegten linken Handflächen.
Vor dem Richtungswechsel wird (mit dem 8. Schritt bzw. in der Pause) in die Hände geklatscht. Anschließend evtl. Wiederholung der Strophe und dann erst weiter mit dem Refrain.

Das Verhältnis von Text, Musik und Tanz: Den Weg zur Mitte qualifizieren

Dass die »Straße zum Himmel … nicht geradeaus« führt, lässt sich am Ende des Refrains auch der Melodieführung entnehmen, die ebenfalls »einen Bogen« um die »gerade Lösung« macht. Statt des (nach dem Leitton »fis«) zu erwartenden Grundtones »g« geht die Stimmführung »in die Tiefe«, harmonisch ist die aufzulösende Spannung des Quartvorhaltes jener der Dominante noch hinzugefügt.

Als biblische Korrespondenten solch »krummer« Wege sei das Gleichnis vom barmherzigen Samariter (Lk 10,29-37) genannt. Auch hier ist der gerade Weg nicht der (ge)rechte, obwohl ihn zwei wohl direkt vom Tempel aus nehmen. Der Dritte erst, der verachtete Fremde, ist zu jener Abweichung vom Wege bereit, die dem unter die Räuber Gefallenen das Leben rettet.

Auch die schlichte Choreographie kann in ihren Raumwegen (wie immer *angebotsweise*) zeichenhaft erschlossen werden: Der Weg aus dem Kreis zur Mitte zeugt dann von der Suche des Menschen nach Gott und dem eigenen Ich. Auf den Weg zur Mitte folgt der Rückweg, dieser ist jenem quasi eingeschrieben, beide stehen für die Korrelation zwischen dem Prozess des Findens und dem Um-Gang mit dem Gefundenen (das mit dem Gesuchten nicht übereinstimmen muss, worin gerade eine Begründung für das spätere erneute Gehen zur Mitte vom leicht veränderten »Standpunkt« aus gesehen werden kann). Wer Kraft geschöpft hat aus diesem Brunnen (vgl. Joh 4,7-15), der sollte sich auf den Weg machen, um weitergeben zu können, was durch Teilung nicht weniger wird.

Die Bewegung zum Refrain lässt den Raumweg zwar just zum Wortlaut »Himmel« in der Mitte des Kreises ankommen, erinnert aber auch daran, dass die besungene »Straße zum Himmel … vor meinem Haus« beginnt: im Alltag, in jedem Moment, an jedem Ort und angesichts jedes Menschen (meines potenziellen »Nächsten«) kann Gott mir näher sein, meiner mehr bedürfen, mich mehr segnen denn je.

So zeigt der Tanzweg in seiner Dreiteiligkeit (zur Mitte, Rückweg, Drehung mit dem Partner), was nicht auseinanderfallen darf: Biblische Theologie kennt keine Selbstfindung ohne Gottesbegegnung – Mission und Diakonie, Liebe zu Gott und zum Nächsten gehören ihr untrennbar zusammen.

Der dazu befreite Mensch muss sich nicht mehr um sich selber drehen, ihm ist der Nächste an die Seite gestellt, um den sich zu drehen letztendlich viel befriedigender ist – worauf das Klatschen in der vereinfachten Partnerbewegung von Version B als Fingerzeig gedeutet werden kann.

Wer die komplexere Fassung (Version A) mit der Kette tanzt, erlebt ein Weiteres: Immer rechts und links abwechselnd kommen ihm Menschen entgegen... Wie geht er mit ihnen (im wahrsten Sinne des Wortes) um? Zahlreiche Fernseh- und Kinofilme, vor allem auch Computerspiele kennen den Typ des sich durchkämpfenden Helden. Was da nach rechts und links verteilt wird, sind Schläge, wenn es harmlos kommt. Das Leben, so lehrt der »Game-Boy«, ist ein »Dschungel«: Nur wer die meisten »Affen«, »Ufos« und sonstigen Gegner abgeschossen hat, wird »durchkommen«.

Die Bewegung der getanzten Kette vermittelt exakt die gegenteilige Erfahrung: Nur wenn alle einander die Hand geben, *sich gegenseitig rechtzeitig »be-greifen«* und an der entscheidenden Stelle zum *Platzwechsel* (mit dem siebten Partner) und zur Umkehr bereit sind, gelingt das Ganze.

Solches Gelingen wird als unmittelbar befriedigend wahrgenommen und bedarf keiner zusätzlichen Belohnung, der Tanz belohnt intrinsisch – analog zur Weg/Ziel-Metapher lässt sich formulieren: Tanz ist ein Spiel, dessen Sieg nicht als Ergebnis eines Prozesses, sondern bereits durch diesen selbst gegeben ist. Tänze dieser Art gelingen, wenn der Nächste als Partner und nicht als Feind begriffen wird. Die lustvolle Eigendynamik des Tanzens beeinflusst die ansonsten latente Gefahr, das Gegenüber jeder Begegnung gar nicht anders denn als Gegner begreifen zu können. Der in den Blick genommene Nächste ist das Korrektiv (nicht die Verhinderung) eigener Selbstverwirklichung; die in ihm gegebene Grenze wird in der Metapher wie der Konkretion des Tanzes zur Bereicherung. Insofern ist Tanz als Begegnung immer Grenzgang.

Auf die Frage nach dem höchsten Gebot antwortet Jesus in den synoptischen Evangelien (Mt 22,34 ff; Mk 12,28 ff; Lk 10,25 ff) mit der Zusammengehörigkeit von Gottes- und Nächstenliebe. In diesen beiden ist das ganze Gesetz im dialektisch doppelten Wortsinn »aufgehoben«.

Mit dieser Antwort hilft Jesus der Verwirrung seiner nicht »schriftgelehrten« Zuhörer, die sich in der Vielfalt der Auslegungen des mosaischen Gesetzes kaum noch zurechtfinden konnten. Geschickt begegnet er damit aber auch dem womöglichen Charakter einer Fangfrage seiner gelehrten Gegner (so Mt 22,35b) und vermeidet die Abwertung der anderen Gebote und Regularien: Nichts an Gottes Wort ist unwichtig, sondern wer die beiden genannten Gebote hält, der hält die anderen automatisch mit.

Um die Übertragung dieser Erkenntnis auf die damit gleichzeitig biblisch qualifizierte Symbolik des Kreises bzw. der in seinem Zeichen abzuschreitenden Tanzwege anzubahnen, empfiehlt sich die Erzählung des folgenden Märchens, welches quasi die Definition des Kreises im obigen Sinne theologisch transparent macht:

Warum die Engel Halleluja singen
Lange bevor die Sonne und der Mond, die Erde und die Sterne geschaffen wurden, waren bei Gott die Engel. Und weil viele der Engel gar nicht so recht wussten, was sie die ganze Ewigkeit tun sollten, versammelten sie sich eines Tages um den Herrn des Himmels und baten ihn, dass er sich doch etwas von ihnen wünschen solle.
Der aber, als hätte er nur darauf gewartet, sprach: »Rückt alle ein wenig mehr zusammen, aber so, dass jeder jedem am nächsten steht.«
Also rückten sie alle einander näher, aber oh weh: Kaum rückte der eine seinem rechten Nachbarn näher, war er vom linken nur umso weiter entfernt. Und rückte er auf diesen zu, so musste er jenen allein lassen. Nachdem sie so eine Weile ratlos hin und hergegangen waren und in einem großen weiten Kreis um den Herrgott standen, sprach Gabriel:
»Nicht nach rechts oder links lasst uns gehen, sondern noch weiter auf den Herrn zu, so weit es irgend geht, so kommen wir auch uns einander näher, dass es näher nicht geht.«
Und gesagt, getan fanden sie sich zum engsten Kreis und singen seitdem ihr »Gelobt sei Gott«; nicht etwa weil Gott des Lobes bedürfte wie ein König, der sich zu rühmen auf die Tagesordnung setzt, sondern weil sie nirgendwie anders alle einander so nahe kamen wie im Zugehn auf Gott.

Aus: Siegfried Macht, Jeder schweigt anders, München 1994, Neuauflage Leinfelden-Echterdingen 2001 unter dem Titel »Wie Abraham das Lachen lernte«.

Nicht in Jerusalem
(»Judengrab«)

Text: Berthold Viertel
Musik: Siegfried Macht

1. Nicht in Jerusalem will ich gebettet sein. Nicht am Berg Horeb raste mein Gebein.
2. Nein, in der Welt zerstreugen auf fremden Wegen soll man mich unbesorgt irgendwo niederlegen.
3. Nicht wo mein Vater blieb, nicht wo die Söhne wandern, begrabt mich, wo ich sterbe, bei allen andern.

Text aus: Berthold Viertel, Dichtungen und Dokumente, München 1956.

Meditativer Kreistanz

Im Kreis mit Blick zur Mitte, die Hände beider Nachbarinnen bzw. Nachbarn locker herabhängend gefasst.

Takt	Zeit	Bewegung
1	1	rechts vor (zur Kreismitte)
	3	links auf gleiche Höhe neben rechts
2		Wechselschritt rechts rückwärts (rechts rück – links nachziehen– rechts rück, damit Vierteldrehung um linke Seite einleiten)
3	1	links hinter rechts absetzen
	3	rechts vorwärts auf der Kreisbahn im Uhrzeigersinn
4		Wechselschritt links rückwärts (links – rechts – links), mit dem letzten Schritt bereits Vierteldrehung um rechte Seite einleiten…
5-8		wie Takt 1-4

Glocken des Friedens wolln wir läuten

Text: Siegfried Macht
Musik: aus Israel

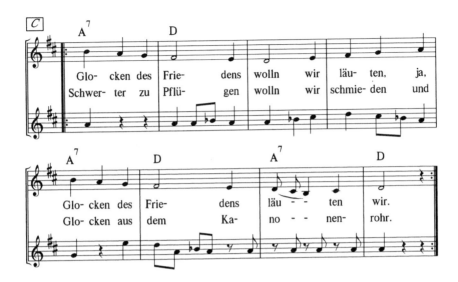

Kreistanz für Paare

Beliebig viele Paare in offener Fassung auf der Kreisbahn, Front in Tanzrichtung, d. h. gegen Uhrzeigersinn. Die Schritte sind beschrieben für den Tänzer, die Tänzerin macht die Schritte gegengleich (d. h. mit dem jeweils anderen Fuß: Er beginnt links, sie rechts).

Takt	Bewegung
	Innenhände gefasst
1	Gehschritt links vorwärts in Tanzrichtung
2	Gehschritt rechts vorwärts in Tanzrichtung
3-4	Jemenitischer Schritt links, wobei man zueinander drehend eine halbe Drehung macht und die Hand wechselt (Jemenitischer Schritt links: Im Wechselschritt-Tempo »lang-kurz-lang« den linken Fuß nach links stellen, Gewicht auf den sich dabei kurz hebenden rechten Fuß zurückverlagern, dann den linken vor dem rechten gekreuzt aufsetzen und rechts leicht heben.)
5-8	Takt 1-4 wiederholen, mit dem rechten Fuß anfangend gegen die Tanzrichtung
Wdhlg.	Takt 1-8 wiederholen

Die Handfassung wird gelöst, Flankenkreis

9-10	Wiegeschritt nach links und rechts (linker Fuß links seitwärts, das ganze Gewicht auf dem linken Fuß, dann das Gewicht auf den rechten Fuß verlagern)
11-12	Wechselschritt nach links (linken Fuß links seitwärts stellen, rechten Fuß ranstellen, linken Fuß links seitwärts stellen, Pause)
13-16	wie Takt 9-12, aber auf dem rechten Fuß anfangen und mit »Balance«, d.h. beim Wiegen den jeweils unbelasteten Fuß vor den anderen schwingen
	mit den letzten Schritten Vierteldrehung zur Zweihandfassung mit dem Partner gegenüber
17-18	Wiegeschritt nach links und rechts, die Hände schwingen mit und zurück
19-20	Fassung lösen und ganze Drehung linksherum: links-rechts-links (Tänzerin rechts herum), Pause
21-24	Takt 17-20 spiegelbildlich wiederholen, beginnend mit Wiegeschritt rechts gegen Tanzrichtung
Wdhlg.	Takt 17-24 wiederholen

Stichwortverzeichnis

Abendlob *101, 104*
Abendmahl *73, 91, 94, 101, 128*
Abraham *34*
Adam und Eva *16, 21, 145*
Advent *55*
Äsop *165*
Agnus dei *91*
Angst *35*
Antwortgesang *54*
Apostelgeschichte *66*
Arm und reich *46*
Aschermittwoch *129*
Augustinus *157*

Barmherzigkeit *44*
Baum der Erkenntnis *16*
Bilderverbot *107*
Blinder *62*
Brot *26, 44, 94, 147*
Buße *128, 129*

Christus *42, 83, 99, 101, 109*

David *41*
Dekalog *44*
Dreieinigkeit *siehe Trinitatis*
Dunkelheit *28, 39, 83, 101*

Ehe *160*
Ehebrecherin *32*
Einzug *80, 83*
Emanzipation *22*
Emmaus(jünger) *128, 142*
Ende des Kirchenjahrs *157*
Engel *142, 154, 175*
Epiphanie / Epiphanias *121*
Erlösung *35*
Erntedank *26*
Evangelien *60, 62, 63, 112, 136, 141, 147*
Evangeliumsprozession *54*

Feier *26*
Fischer *62*
Freiheit *160*
Frieden(sgruß) *86, 109, 178*
Fronleichnam *94*

Garten Eden *siehe Paradies*
Gabenbereitung *26*
Gebet *85, 104, 122*
Gemeinschaft *165, 168*
Gerechtigkeit *37 (siehe Recht)*
Geschwister *165*
Gleichnis *173*
Gloria *124*

Halleluja *45, 136, 141, 142, 152, 175*
Heilige Drei Könige *113*
Heilung *44*
Himmel *171*
Hochzeit *160*
Hunger *44*

Isaak *34*

Jerusalem *75*
Jesaja *44*
Jona *129*
Judentum *176*
Jüdischer Brotsegen *26*

Kämmerer *67*
Kain und Abel *28*
Kalamatianos *16, 60, 85, 164*
König *41*
Kommunion *73, 91, 94*
Kontratanz *64, 69*
Kreuz *69, 73, 84, 124, 134, 150*
Kreuzweg *91, 122, 127*
Kreuzzug *76*
Kult(kritik) *48*
Kyrie *122, 127*

Labyrinth 54
Lebensbaum 20
Leib(lichkeit) 88, 152
Licht 44, 60, 83, 101, 109
Lob und Dank 88, 163
Lucernarium 110
Luther 164

Maria aus Magdala 136
Menoussis 29
Missionsbefehl 63

Nachfolge 171
Nächster 52, 87, 94, 173

Offenbarung des Johannes 75
Opfer 32, 34
Orantenhaltung 106
Ostern 20, 136, 141, 142, 147

Paradies 16, 21, 81, 145
Partnerschaft 160
Passion 122, 127
Paulus(briefe) 69, 154
Pavane 48, 86
Philippus 66
Propheten 41, 44, 46, 129
Prozession 54, 80, 83
Psalmen 46, 53, 55, 88, 104, 165

Recht 44, 46
Rechtfertigung(slehre) 84, 103, 155
Reisesegen 96
Richter *siehe Recht*
Ruhe 157

Sabbat 26, 44, 156
Salz (der Erde) 60
Samuel 41
Schlange 19, 142
Schleier(tanz) 138
Schöpfung 16, 26, 157
Schuld und Vergebung 29, 129
Schuldbekenntnis 128
Segen 26, 96, 99, 152
Sendung 63, 95, 99
Sonntag 156
Sorge 164
Spirale (Lebensweg) 54
Stein 28, 33

Taufe (Tauferinnerung) 83
Tempel 48
Tod 46
Trommel 142
Tür 80
Trinitatis 152

Umkehr(ung) 75
Unrecht *siehe Recht*

Weg 53, 85, 157, 171
Weihnachten 76, 80, 112
Wettlauf (des Petrus mit Johannes) 137

Zahlensymbolik 16, 42, 74, 84, 126, 134, 156
Zehn Gebote 42
Zisterzienser 80

Korrespondierende Kurzprosa

>Der Stein
>Der Tanz um den Baum
>Mäusehaut
>Warum die Engel Halleluja singen
>Warum die Menschen die Trommel bauten

CD Und Jesus tanzt auf der Schlangenhaut

Zu diesem Buch ist eine gleichnamige CD erschienen (ISBN 3-7966-1017-X). Darauf sind folgende Lieder eingespielt:

- Ach Baum, ach guter Baum
- Du bringst das Brot aus der Erde hervor
- Singt dem Herrn ein neues Lied
- Ihr seid das Salz der Erde
- Spitzfindige Denkgeflechte
- Gehet hin in alle Welt
- Kommt und seht
- Doppelt betet, wer singt
- Friede sei mit euch
- Agnus dei
- Gottlob, dass ich auf Erden bin / Danket, danket dem Herrn
- So segne dich Gott
- Die Macht des Dunkels ist vorbei
- Aufsteigen lass mein Gebet
- Seht, der König steigt herab vom Thron
- Zu Ostern spielen die Engel Trommel
- Lass mich gehn
- Dass die Vögel der Sorge
- Hine ma tow / Ein Vater hatte viele Söhne
- Wer gehört dazu?
- Nicht in Jerusalem
- Glocken des Friedens wollen wir läuten

Weitere CD-Einspielungen zu den Liedern dieser Sammlung

- Ging der Mann und suchte
  CD Gottes Geist bewegt die Erde, Bonifatius Verlag, Paderborn

- Ich bin der Stein (Menoussis)
  CD Gottes Geist bewegt die Erde, Bonifatius Verlag, Paderborn

- Als die Götzen Kinder fraßen
  CD Kinder tanzen ihre Lieder, Bonifatius Verlag, Paderborn (vergriffen), Neuauflage: Strube Verlag, München

- David soll es sein
  Doppel-CD Haus aus lebendigen Steinen, Strube Verlag, München 1999

- Wie lange noch, wie lange?
  CD Gib nicht dem wilden Tier die Seele deiner Turteltaube, Strube Verlag, München 1994

- Jesuskind, wo bist du?
  CD Kinder tanzen ihre Lieder, Bonifatius Verlag, Paderborn (vergriffen), Neuauflage: Strube Verlag, München

- An dem ersten Tag der Woche
  Doppel-CD In die Freiheit tanzen, Bonifatius Verlag, Paderborn 1997

- Gingen zwei hinab nach Emmaus
  Doppel-CD In die Freiheit tanzen, Bonifatius Verlag, Paderborn 1997

- Die Straße zum Himmel
  CD Kinder tanzen ihre Lieder, Bonifatius Verlag, Paderborn (vergriffen), Neuauflage: Strube Verlag, München

Weitere Literatur des Verfassers zum Thema in Auswahl:

praktisch

- Dass Frieden werde. Don Bosco Verlag, München 1984. (Liederbuch; gleichnamige CD mit Tanzanleitungen in Booklet und Script nur über den Autor, Adresse s. u.)

- Gottes Geist bewegt die Erde. Lieder, die uns in Bewegung setzen. Bonifatius, Paderborn 1994. (Werkbuch und CD)

- In die Freiheit tanzen. Liedtänze für Schule, Freizeit und Gemeinde. Bonifatius, Paderborn 1997. (Werkbuch und Doppel-CD teils mit, teils ohne Gesang)

- Kleine Leute – große Töne. Mit Kindern singen, spielen, musizieren. Verlag Junge Gemeinde. Leinfelden-Echterdingen 1997. (Werkbuch und CD, Tanz dabei nur als ein Medium neben zahlreichen weiteren Zugängen zu neuen und alten Liedern)

- Kinder tanzen ihre Lieder. Strube Verlag, München und Berlin 2001 (Völlig überarbeitete Neufassung des gleichnamigen Titels, ehemals Bonifatius, Paderborn 1991; Werkbuch und CD)

- Wenn die Nacht noch dunkel ist. Weisheiten der Völker in durcharrangierten Kanonvertonungen. Leu-Verlag, Bergisch Gladbach 1993 (Notenheft, Tanzanleitungen im Booklet der gleichnamigen CD)

theoretisch

- Mit Liedern tanzen. Der Liedtanz als Medium der Religionspädagik. LIT Verlag Münster – Hamburg – London 2000. (Dissertation, dort auch umfangreiche Literaturliste)

Alphabetisches Verzeichnis der Titel und Liedanfänge

Ach Baum, ach guter Baum 16
Agnus dei 91
Als die Götzen Kinder fraßen 34
An dem ersten Tag der Woche 136
Asche auf mein Haupt 129
Auf dich hin hast du uns geschaffen 157
Auferstanden ist Jesus Christ 141
Aufsteigen lass mein Gebet 104
Brich dem Hungernden Brot 44
Christus im Herzen eines jeden 99
Danket, danket dem Herrn 88
Dass die Vögel der Sorge 164
David soll es sein 41
Der Herr wird zum Diener 83
Die Macht des Dunkels ist vorbei 101
Die Straße zum Himmel 171
Doppelt betet, wer singt 85
Du bringst das Brot aus der Erde hervor 26
Du Brot des Lebens 94
Ein Vater hatte viele Söhne 165
Friede sei mit euch 86
Gehet hin in alle Welt 63
Ging der Mann und suchte 21
Gingen zwei hinab nach Emmaus 147
Glocken des Friedens wolln wir läuten 178
Gott selber sprach zu Samuel 41
Gott, auf dich traue ich 53
Gottlob, dass ich auf Erden bin 88
Hine ma tow 165
Ich bin der Stein (Menoussis) 28
Ihr seid das Salz der Erde 60

Jesus sprach: Erfüllt ist nun die Zeit 129
Jesuskind, wo bist du? 112
Jona, mach dich auf nach Ninive 129
Judengrab 176
Kehrt euch um und geht den neuen Weg 129
Kommt und seht 69
Lass mich gehn 160
Licht und Frieden 109
Miteinander gehen 160
Nicht in Jerusalem 176
Nitsaneh shalom 178
Porta patet 80
Reise nach Jerusalem 75
Segen spendendes Wort 152
Seht, der König steigt herab vom Thron 129
Singt dem Herrn ein neues Lied 55
So segne dich Gott 96
Spitzfindige Denkgeflechte 62
Wer gehört dazu? 168
Wer mich sucht, den will ich finden 66
Wes das Herz voll ist 163
Wie lange noch, wie lange? 46
Wir loben dich, Herr Jesus Christ 127
Wir reisen nach Jerusalem 75
Zu Gott, dem Vater, lasst uns beten 122
Zu Ostern spielen die Engel Trommel 142